通勤大学MBA6

ヒューマンリソース

慶應義塾大学ビジネススクール教授
青井倫一＝監修　グローバルタスクフォース(株)＝著
Michikazu Aoi　*GLOBAL TASKFORCE K.K.*

通勤大学文庫
STUDY WHILE COMMUTING
総合法令

まえがき

■なぜMBAにおけるヒューマンリソースを学ぶのか　～世界のビジネスマンの基礎～

本書で取り上げるテーマである「人的資源管理と組織行動」は、MBAコースの代表的な必須科目であり、広くグローバルビジネスの世界においても、共通言語となっています。「人的資源管理と組織行動」は人事部の担当者だけが必要なものでなく、営業から財務、研究開発部、そして経営企画部など全ての部署における担当が自身の専門と合わせて共通言語を体系的に学ぶために必要なものです。

企業の中では、個人（自分一人）だけで完結するような仕事は、一部の例外を除いてほとんど存在しません。社内はもちろん、顧客や競合、提携先や取引先など、それぞれが有機的に結びついて、企業経営の中の機能は動いています。また、特に部下や同僚をまとめるマネジャーにとっては、ある目的のために人と組織を動かさなければなりません。そのためには自分と意見も主張も異なる人を動かし、納得をさせた上で仕事をしていく必要があります。つまり効率よく仕事を進めるためには金銭的な経営資源だけでなく、部下や同僚といった生身の人間を理解し、スムーズな組織運営を図る必要があります。

さらに、これらを円滑に進める上で、人事の担当者が人事に関する単なる制度や機能だけを独立して扱ったり、新たなシステムを構築したりしたところで、人間を含む経営環境や組織目標の前提に立った制度が構築されていなければ、制度自身が中身のないものになってしまいます。こういった状況を避けるためには現実的な問題に対する共通の解と言語を持つことがスタート地点となります。

■本書の目的と対象者

本書を読んでいただく対象となる方は、どの世界でも通用する生きたビジネスの法則と理論を結びつけて、自分自身の市場価値向上につなげることを目指すビジネスマンです。実際、前向きなビジネスマンほど時間がなく、通勤時間が唯一の自由時間である場合も多いといえますが、電車の中で読むのに適したサイズの有用なビジネス書は数が限られています。本書は、今まで分厚いビジネス書を買ってはみたが、時間がないために一章しか読まずに本棚にしまっていた方でも、通勤時間、待ち合わせ時間などの細切れ時間を利用できることを前提に、わかりやすくしかもコンパクトに書かれています。

また、この本を読むことにより、読者はビジネスにおける最も基本的かつ重要なコンセプトである「人的資源管理と組織行動」を「経営（戦略）」との結びつきを考えた上で体系的に理解することができます。例えば、営業マネジャーは営業本部から示された売り上げ目標と人事部から示された評価システムだけをそのまま扱うだけではマネジャーとしての役割を果たしていません。営業本部から与えられた数字をどうブレークダウンして、現在の陣容と配分をした上で現場の目標を立てていくかを考える必要があります。また、現場の営業結果を基にただ目標達成か未達成かを記すのではなく、その結果の背後に映し出されたプロセスや正当性、そして目標自体の妥当性を考えることが必要となります。さらに、人の適性と採用、キャリア開発プランを検討した上で個々人のモチベーションとインセンティブを考え、またリーダーシップとパワーをマネジメントしていくことが、組織全体の活性化には重要な要件となってきます。

こうした実践において直面する複雑で複合的な問題を解決するための出発点に立った後、ビジネスの現場において訓練を積み重ね、これらの知識や論理的思考の「スキル化」を目指した能力の向上に努めてください。

■本書の構成

人的資源管理（または人的資本）と組織行動学など、人と組織についてはしばしばビジネススクールでも個別に学習されますが、他の機能と同様、それぞれの関連性を明確に結びつけて理解を促すため、本書では人と組織について二部構成で組み立てながらも、内容に応じて人と組織の融合が図れるよう、ストーリー性を重視したわかりやすい説明を心がけました。

第1部では第1章から第3章までで人的資源管理の領域を扱います。

第1章では、人と組織にまつわる様々な利害関係者（"Stakeholder"）と企業経営の各機能との結びつきを全体像として理解し、いかに人とその集合体としての組織が企業経営の基礎であり、他の機能を動かし、意思決定に結びついているかを学びます。

第2章では、人的資源のインフロー（採用）、内部フロー（配置・異動）、そしてアウトフロー（退職）といった一連の流れを把握し、それぞれの機能の役割と特性について検討します。

第3章では、人的資源フローの各機能で必須となる評価・報償制度をはじめとする重要なコンセプトとツールについてその全体像とそれぞれの役割について学びます。

第2部では組織行動の領域として第4章〜第7章まで説明をしています。

第4章では、組織形態の様々なパターンについて学び、企業の事業や企業文化に合わせて自社の組織形態をどのように構築するべきか、その特徴について検討します。

第5章では、人的資源管理の各種制度やフレームワークに対し、個人や組織のダイナミックスについてベースとなっているコンセプトと、それらを包み込む組織文化や風土といったより見えづらい領域についての全体像を把握します。

第6章では、組織行動の中でより具体的に示される個と組織を動かすモチベーションについて検討し、代表的な四つの理論を学びます。また、モチベーションを実際に向上させるために必要なインセンティブについてのコンセプトとその実例も学びます。

第7章では、組織を率いるリーダーシップと、組織内で影響の強い様々な権力（"Power"）について理解をし、それぞれの理論や仕組みを企業の中で、どう体系的に組み入れていくべきかを検討します。

見やすさに配慮して図を入れ、見開き二ページでひとつのテーマが完結するようまとめてありますので、どの章から始められても理解ができるようにレイアウトされています。

しかし、やはりMBAを学ぶ最も重要な意義は「体系的」に理解をすることにあります。

虫食いにならないよう、順番にマスターしていくことができると最大限の学習効果を上げることができます。

■謝辞

本書の出版にあたり、様々な方々にご協力をいただきました。まず、監修において貴重なアドバイスを頂戴した慶應義塾大学ビジネススクールの青井倫一教授に深くお礼を申し上げます。そして出版にあたり、貴重な助言を頂戴した総合法令出版の代表取締役社長仁部亨氏、高橋毅氏、竹下祐治氏に感謝の意を表します。また貴重な助言を下さったWilliam Archer氏に感謝致します。最後に、執筆協力を頂いたＪＴＢモチベーションズ所属、ＪＴＢラーニングビジネスセンター専属コンサルタントの中村誠司氏に感謝致します。

通勤大学MBA6

ヒューマンリソース

■目次■

第2部　組織行動

6. モチベーションとインセンティブ

7. リーダーシップとパワー

第1部
人的資源管理

人口構造の変化、少子化、不況の長期化、人材の流動化といった諸問題が従業員をはじめとする人達の働く意欲を低下させたり、組織への帰属意識を低下させているなど、様々な事柄を引き起こしています。そのような状況下で、人的資源管理（「HRM」ヒューマンリソースマネジメント）は、単に人事領域の制度設計や機能の提供を管理するだけではなく、企業と従業員とのかかわり方に影響を及ぼす経営上の意思決定や行動の全てを統轄しているものといわれています。つまり、ビジネス戦略、従業員のニーズと価値観、社会的責任、行政、法律、それとマネジャー自身の価値観といったものに基づいたこれらの価値観とHRMの様々な方法論とを結びつけていく能力がこれからますます要求されてきているのです。

第1部では、まず人的資源管理の役割とその全体のフローを体系的に理解し、第2部で展開される組織行動に関する理解を促すベースとします。それにより、第2部で取り上げられる組織文化と人的資源の関係が、構造的にどのような機能を果たしているのか、その特性を明らかにして、いかに従業員を動機づけていくか、やる気・意欲を持って仕事に打ち込んでもらうか、といった組織行動との諸問題について考えていくことを目指します。

第1章「人的資源管理とは」では、企業経営における人と組織にまつわる様々なシステムの全体像を見ていきます。人的資源管理が扱う領域と各種制度についての概要や人的資源管理の歴史的背景を学び、その役割について理解を深めます。また、人的資源管理が扱う領域が、利害関係者（"Stakeholder"）と企業経営の各機能との結びつきにあることを理解し、いかに人とその集合体としての組織が企業経営の基礎として、他の機能を動かし、意思決定に結びついているかを学びます。

第2章「人的資源管理フロー」では、HRMにおける三つのマネジメントの流れを学び、その中に含まれる各機能と役割について検討していきます。まず、インフロー（採用）、内部フロー（配置・異動等）、そしてアウトフロー（退職）といった三つの重要なマネジメントフローについて、その全体像を理解します。さらに、それぞれのフローを流れに沿って細かく見ていくことによって、人的資源管理の一連のフローを体系的に理解することを目指します。

第3章「評価・報償システム」では、2章までで見てきた人的資源フローの各機能を支える評価制度・報償制度について理解をします。

1．人的資源管理とは

1-1 人的資源管理とは

人的資源管理（以下「ＨＲＭ」ヒューマンリソースマネジメント：Human Resources Management）では、文字どおり〃人〃という企業にとって重要な資源（または資本“Capital”）に関連するものを扱います。すなわち、労働組合から株主、そして地域社会に至るまで、利害関係者（“Stakeholders”）に与える影響を考えながら、人材の採用をはじめとするインフロー、昇進から人材開発を含めた内部フロー、そして退職管理などのアウトフローといった企業と従業員とのかかわりを管理し、必要な意思決定をしていきます。

これらの意思決定は、特に人事担当者だけでなくラインマネジャーをはじめとする組織の全ての人々がかかわるものです。企業で日常行われている製造、販売、管理など、様々な場面での意思決定については、全てＨＲＭの意思決定が含まれているからです。

つまり、組織全ての人がこれらの様々な活動を理解しない限り企業の中で整合性を持っ

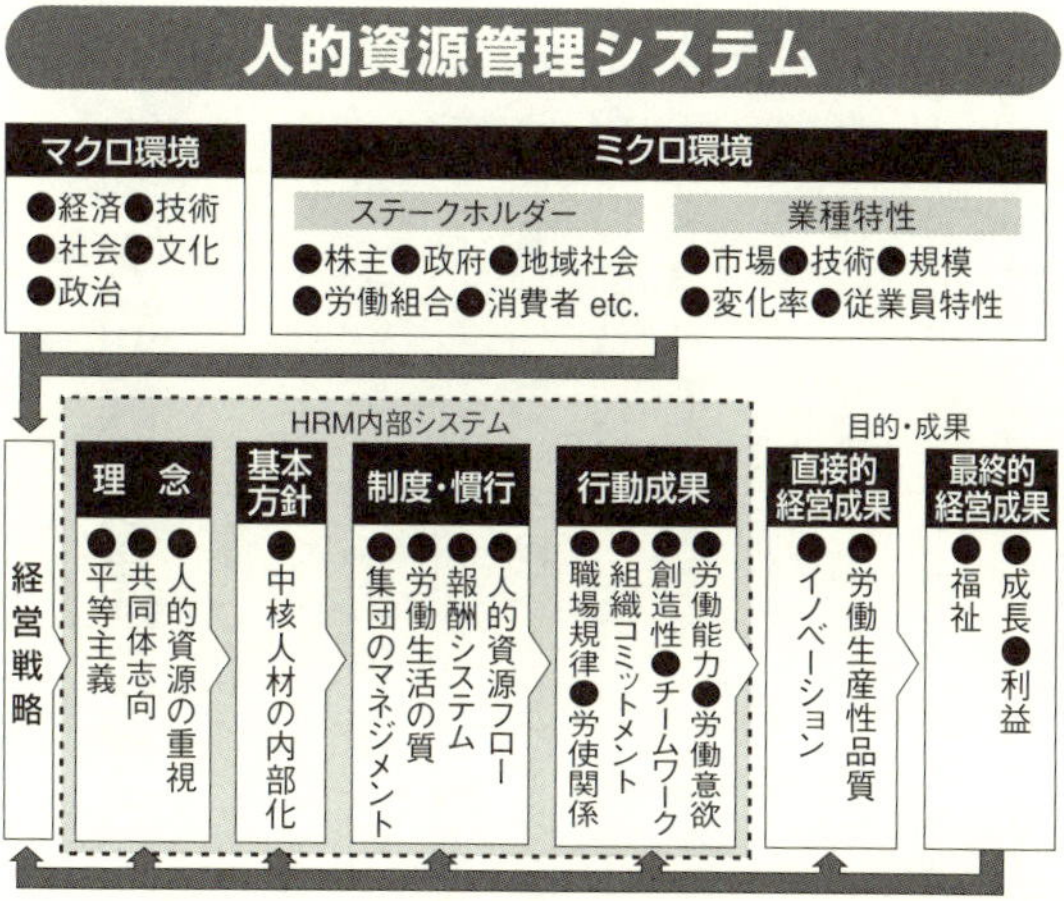

出所：石田英夫ほか著『MBA人材マネジメント』中央経済社、2002年

た人的資源管理機能を構築することはできません。人材募集や評価制度、組織開発など個別の制度や機能だけ扱う専門家や専門部署が唯一の実行部隊として携わっても、整合性はとれないからです。

ＨＲＭでは、優秀な従業員を募集、選考し、適切な昇進・昇級を管理し、報償、インセンティブを与え、従業員のモチベーションを高めることで、人材を有効に活用し育成していくことが目的です。そのためには、ビジネスの状況を理解し、従業員のニーズを満たし、公平性を常に保つことが必要であり、この情報を把握している人事部以外の各スタッフ及びマネジャーも積極的にこの機能を理解し、意思決定に参加していく必要があります。

1-2 人的資源管理の歴史

人を単なる労働力としてのみ考えていた時代はそれほど昔ではありません。アメリカにおいて、人的資源管理の概念が形成されはじめたのは、一九八〇年頃といわれています。人的資源管理（"Human Resources Management"：HRM）は、アメリカ製造業の競争力低下の中、「経営における人的資源管理を有効活用することにより競争力を回復させる」という考えの下、従来の人事管理（"Personnel Management"）を一歩進めたコンセプトとして誕生したといわれています。

人事管理はこれまで労働者を管理するために、採用管理から賃金管理、業績評価システムなど人事にまつわる各制度を集めた独立した機能として認識されていましたが、人的資源管理ではまず、従業員を重要な経営資源としてとらえます。M・ビアー（M.Beer et al.）らによると、人的資源管理とは企業の戦略や組織文化との結びつきを常に意識し実行させて

人事管理のパラダイムチェンジ

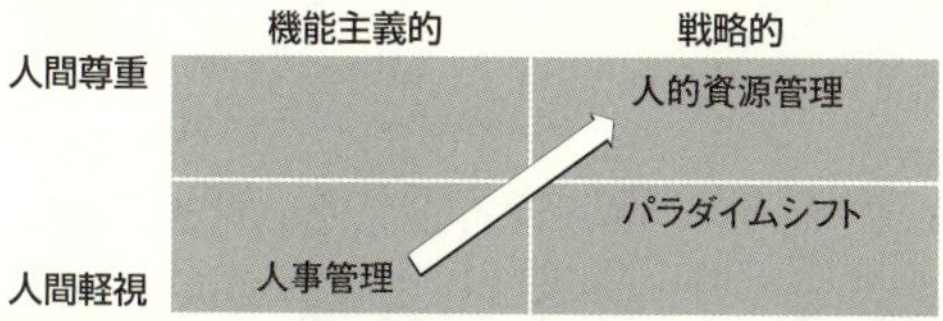

人事管理と人的資源管理の違い

人事管理の特徴	人的資源管理の特徴
●短期的視点（志向）	●長期的視点（志向）
●人事管理の機能を重視	●人事管理の戦略性を重視
●従業員＝労働力	●従業員を全人格的に尊重
●戦略との連動性に乏しい	●戦略との連動性が高い
●内部志向的（目標達成型）	●外部志向的（目標探索型）

出所：服部治・谷内篤博著『人的資源管理要論』晃洋書房、2000年

いく必要があるもので、採用や評価など、単に機能だけを集めてそれぞれを個別に管理することではないとしています。

このように、人的資源管理は労務や人事を包括しながらも企業の戦略に直結しているところが従来の人事管理との違いであると考えられています。つまり、企業の戦略を担う部署として、人事部が成り立ち、それらの意思決定に主導的にかかわる各スタッフやマネジャーが存在しているという考え方です。

1-3 組織・人事とステークホルダー

組織における人事は様々な内部・外部環境と相互に作用を及ぼし合いながら、企業経営の重要なシステムの一つとして機能しています。つまり、単に組織を構成する内部の個人や集団のみを議論の対象にするのではなく、数多くの多様なステークホルダー（利害関係者）、自然環境、法律、制度、文化など組織に影響を及ぼす諸要因を対象にし、それらとどのように適応し、存続と成長を図るかが最も重要な命題となっています。

組織はインプットとしての経営諸資源を効果的に組み合わせ、アウトプットを生み出し、さらに新たな諸資源を生み出すシステムであるため、人事も同様に様々な利害関係者を考慮しながら企業の事業活動を組み立てていく経営戦略論と密接に関係しています。伝統的に独立した強力な人事部門を持つ日本企業の多くでは、一括採用、教育から配置、評価、報酬制度の運用といった機能だけがクローズアップされがちですが、組織は人及びその集

組織経営システムと利害関係者

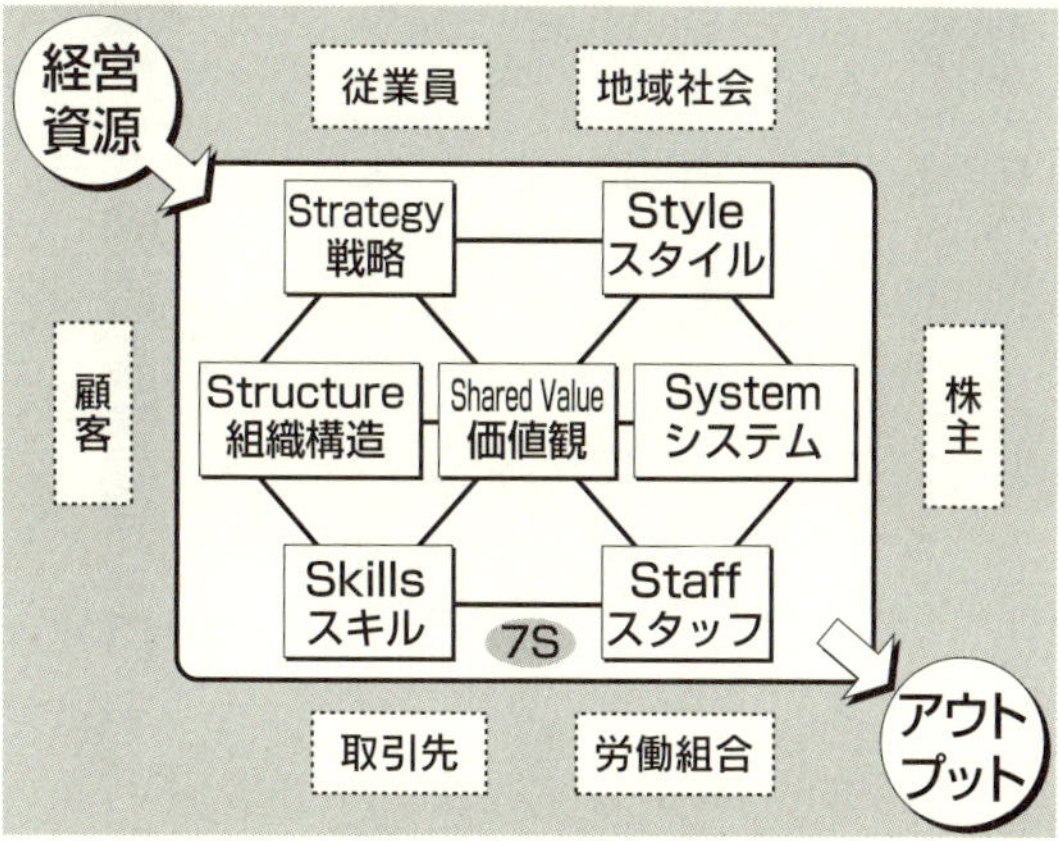

まりであり、あくまで会社の全社戦略を実行する最も重要な核となるものですので、経営企画などの部門と一緒に戦略の立案から実行まで主体的に役割を果たす必要があります。

図はこのような相互作用の働きを表しています。組織というのは単なる構造だけではなく、戦略や文化（共有された価値観）、システム、メンバーのスキルなどが多元的に適合することによって、その成果を生み出していることが確認できます。

2. 人的資源管理フロー

2-1 人的資源管理フロー

ＨＲＭにおいての流れ（フロー）は、大きくはインフロー、内部フロー、アウトフローの三つのマネジメントに分かれます。組織においては、あらゆる階層の人材が、入社し、活動をして、退職をしていくというフローになります。この人材のフローにおいては、「適正な能力を持った適正な数の要員を確保していく」という要求に応じて、採用、人材育成、人材活用、昇進、昇級、退職、に関して公正・公平であり、社会の法律の基準を満たしたものでなければなりません。そして、さらに重要なことは、これらの領域での意思決定は、ビジネスにおける経営計画、売上、利益、成長、配当等の計画を意思決定するのにも大きな影響を及ぼす、ということです。

つまり、ＨＲＭは、企業として戦略的目標を達成し、従業員や社会に対する義務を果たしていくための前提条件を決定していくことにほかなりません。そしてこの前提条件は、

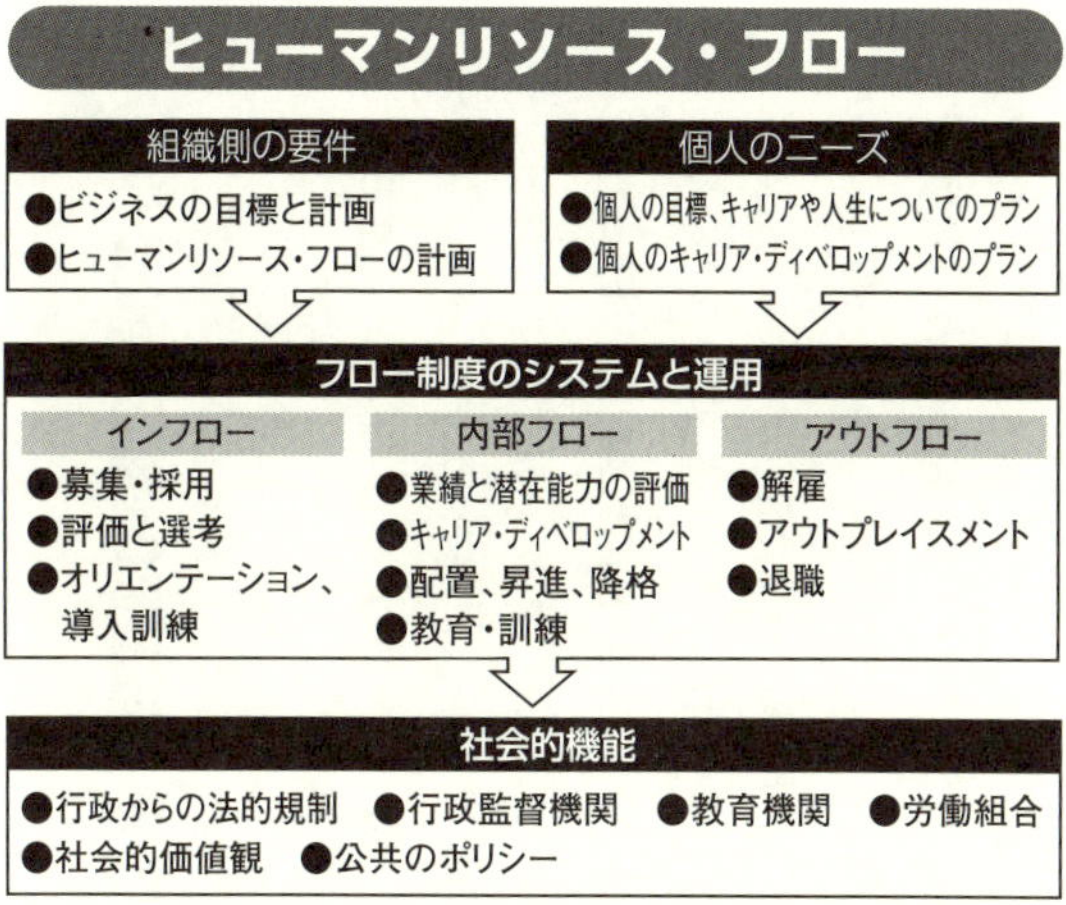

出所:James Walker,Human Resource Planning (New York:McGraw-Hill,1980)を基に作成.

人事担当者のみならず、各スタッフ及びラインマネジャーが参加すべき重要な意思決定です。人事管理と人的資源管理（HRM）との違いで見てきたように、HRMでは常に経営（戦略）と関連させて、人材フローを検討していくことが重要です。採用、配置、異動、昇進、退職を別々の機能としてではなく、あくまで経営全体の重要なベースとして、その役割を大局的に見ていくことが重要となります。そして、そのためには、問題が発生してからその機能が動き出すのではなく、常に人事部とラインマネジャーを含む現場とが密接に結びついた計画的な運営が必要となります。

2-2 労働市場と雇用環境の変化

労働市場は大きく二つに分けられます。一つは、外部労働市場（"External Labor market"）でもう一つが内部労働市場（"Internal Labor Market"）です。外部労働市場は、社外に拡がるオープンな労働市場で、内部労働市場とは、企業内の閉じた労働市場のことを指します。内部労働市場での候補者は入社から退社までの従業員であり、部長やＣＥＯといったポストに就く人材を社内から（昇進によって）調達することになります。

外部及び内部ともに労働市場の変化は大きく、ＨＲＭにおいてもこの労働市場の変化に伴い構造的な変革を行う必要があります。例えば、労働力の人口構成が大きく変化し、少子高齢化が進む中でポスト不足、人件費の高騰など、従来問題とならなかった様々な課題が明らかになってきています。

また、雇用形態の多様化は、経営環境の悪化に伴う失業率上昇や、それに伴うワーク

現在の労働市場

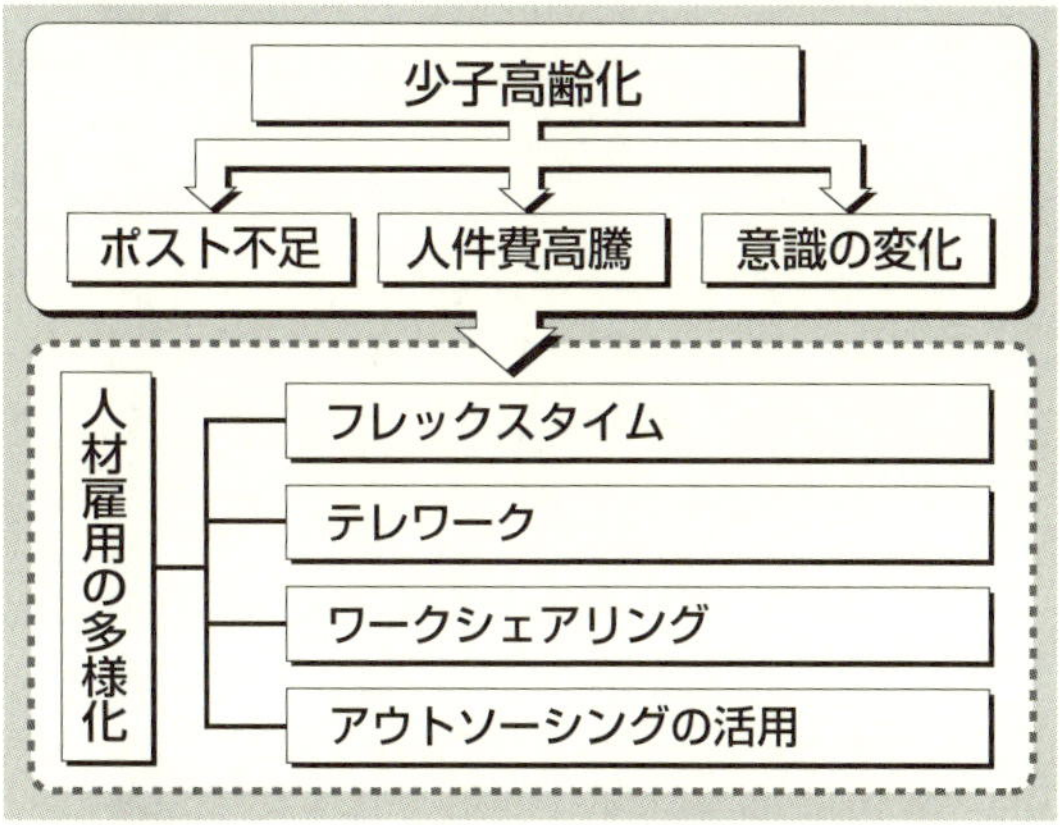

シェアリングなどの方策とも密接にかかわっており、従業員の意識の変化も、多様な人材管理システムの必要性を後押しします。これは労働に対する価値観に関係しており、企業にとっても、仕事の効率化と従業員満足（"Employees Satisfaction"）向上のため、フレックスタイム制（"Flexi-time System"）、やテレワーク（"Telework"）などが生まれています。日本でも長期雇用／終身雇用（"Long-term Employment"／"Lifetime Employment"）や年功序列（"The Seniority System"）的経営が変化してきており、それに伴い仕事に対する意識にも変化が見られはじめています。

2-3 インフロー① 採用の役割

ＨＲＭにおける採用とは企業の外部から人を採用していく管理のことをいい、人員計画を構築し、その対象と多様な雇用形態について考えていきます。新卒者の場合、どのようなポテンシャルを持っており、どの分野に興味を持っているのか、企業の風土や、職務内容、人材開発プランに関して両者の相性を見る必要があります。経験者採用については、既に専門性を身につけている人材をいかに獲得していくか、新卒者と異なり当然即戦力となる人材を探しますが、その必要な人材をコア人材として「雇用すべきか」、もしくは派遣スタッフや専門性を持った人材を必要な時期に採用するアウトソーシングなど、「外部スタッフとして契約」すべきかといった選択も必要になります。

このように、必要な人材を、要員計画に基づいて必要な時期に獲得していくことになります。ここで重要なのは企業と候補者がお互いの本質的な相性を見て意思決定を行うとい

環境、企業文化とHRMとの関連概念モデル

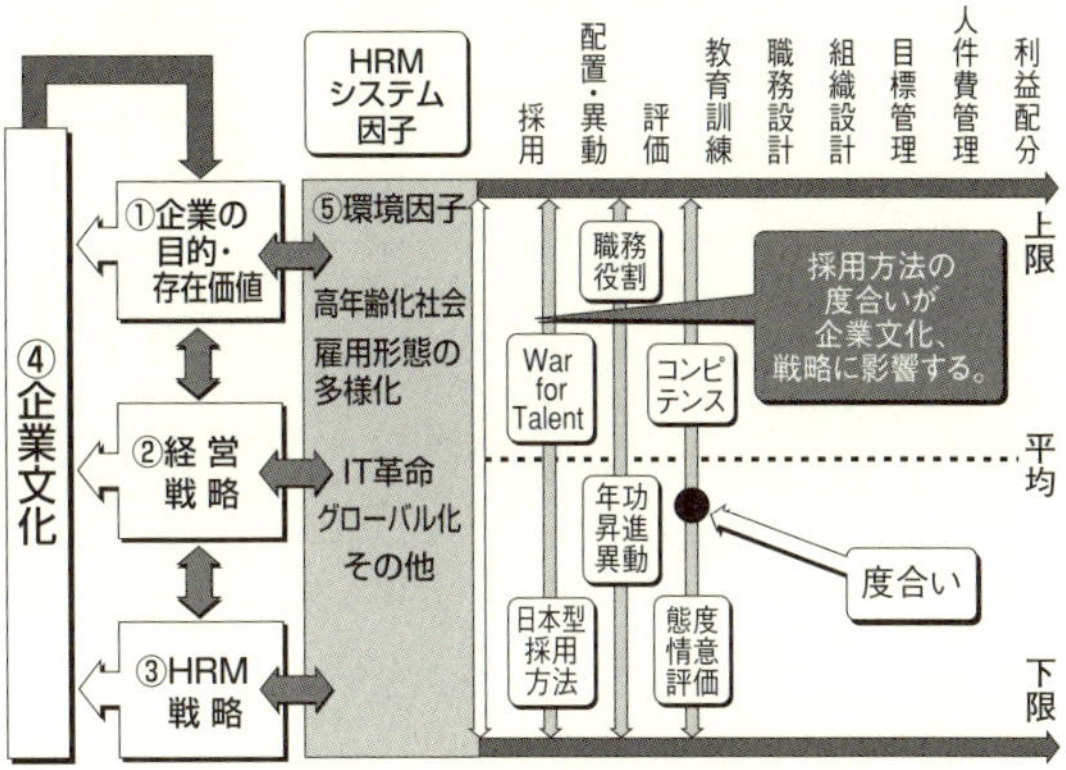

出所：花岡正夫著『人的資源管理論』白桃書房、2001年

うことです。たとえ立場上、交渉力が強いといえる雇用者側であっても、候補者に対し適正な職務要件や労働条件を労働者へ提供できなければ、優秀な順に会社を去っていく人材流出が起こります。また、同時にその流出した人材からの影響で、新たに優秀な人材を確保する際、大きな壁となり得るレッテルが貼られることにも繋がります。既に一部では人材獲得戦争（"War for Talent"）が勃発している中、企業にとっての重要な役割は、まず自社の魅力を高め、いかに優秀な人々をひきつけるかということです。たとえ例外として優秀な人材の採用を行えたとしても、その後離職が発生すると、企業にとっても打撃となります。

2-4 インフロー② 採用フロー

企業では、人を採用するにあたって、採用基準を設置しています。将来の幹部候補を担うだけのポテンシャルがあるか、研修による知識習得や経験によるスキル獲得等が可能であるかなどが判断基準になります。

新卒の場合、就職にあたって、業務内容の把握と適性を見極めるために、〝見習生〟として、一時的に体験入社するインターンシップ制度があります。職種別採用をメインとする欧米企業では一定期間の業務実習が不可欠となっているケースが多く、大学在学中から、各学年の休暇にインターンとして一定期間体験入社をして希望職種の実務を体験します。候補者側が企業を見ると同時に企業側からも当該学生が採用基準を満たしているかどうかが、インターンシップを採用プロセスの一環としている場合には見られます。

前述のとおり必要な人材を要員計画に基づいて必要な時期に獲得していくための重要な

経営戦略と要員計画

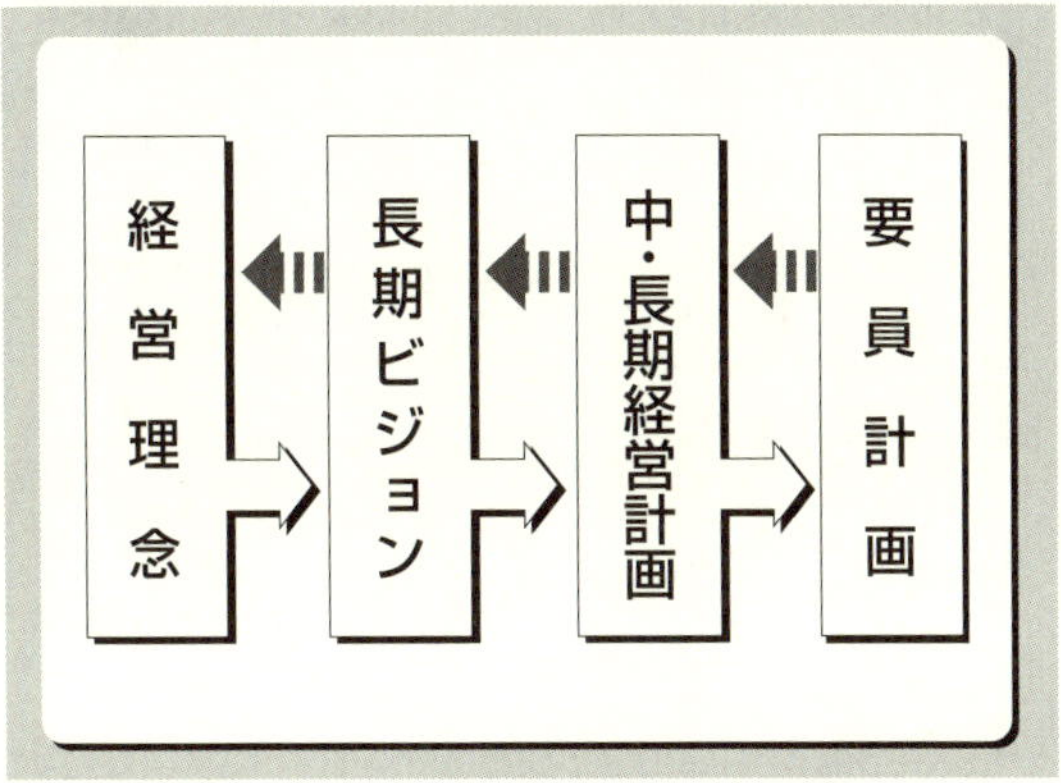

出所：西川清之著『人的資源管理入門』学文社、1997年

ポイントは、企業と候補者がお互いの本質的な相性を見て意思決定を行うということです。つまり、企業にとっての雇用を決定する最低基準を満たし、かつ企業が持つ現状の条件が候補者の持つ入社企業決定基準を満たしていることです。

もちろん、企業側が背伸びをし、優秀な人材を採用しながら企業が提供する雇用条件を向上させていく、という形もあります。しかしながら、現実には、候補者側と同様、企業にとってできることとできないことをはっきりさせた上で合意をすることが、組織のフローにもたらす不連続や、採用や教育、配置といった大きな機会コストをもたらす離職を防ぐ最も重要なポイントといえます。

2-5 内部フロー

人的資源管理における多様な機能として、人の募集、採用、評価、給与・報償、昇進、昇格、配置、異動、人材育成、福利厚生等、様々ありますが、採用後の人の配置、異動に関する決定プロセスを考えてみます。

人の配置（"Allocation"）では、役割を明記した職務記述書（"Job Description"）と各人が持つ能力・スキルの要件（"Personnel Specification"）を適正に判断し、適材適所で人材を配属させる必要があります。

一方、単に仕事の適性だけを基に人材の配置を行うわけではありません。長期的に考え、各人の総合的な能力開発の視点から、あえて現在、適性ではない職務を担当させることも、人材開発のプロセスとしては重要な役割です。工場において組み立て作業スピードが最も早いからといって、その人を一生一工員として職務に就かせることは組織としては非効率

人的資源管理フロー概略

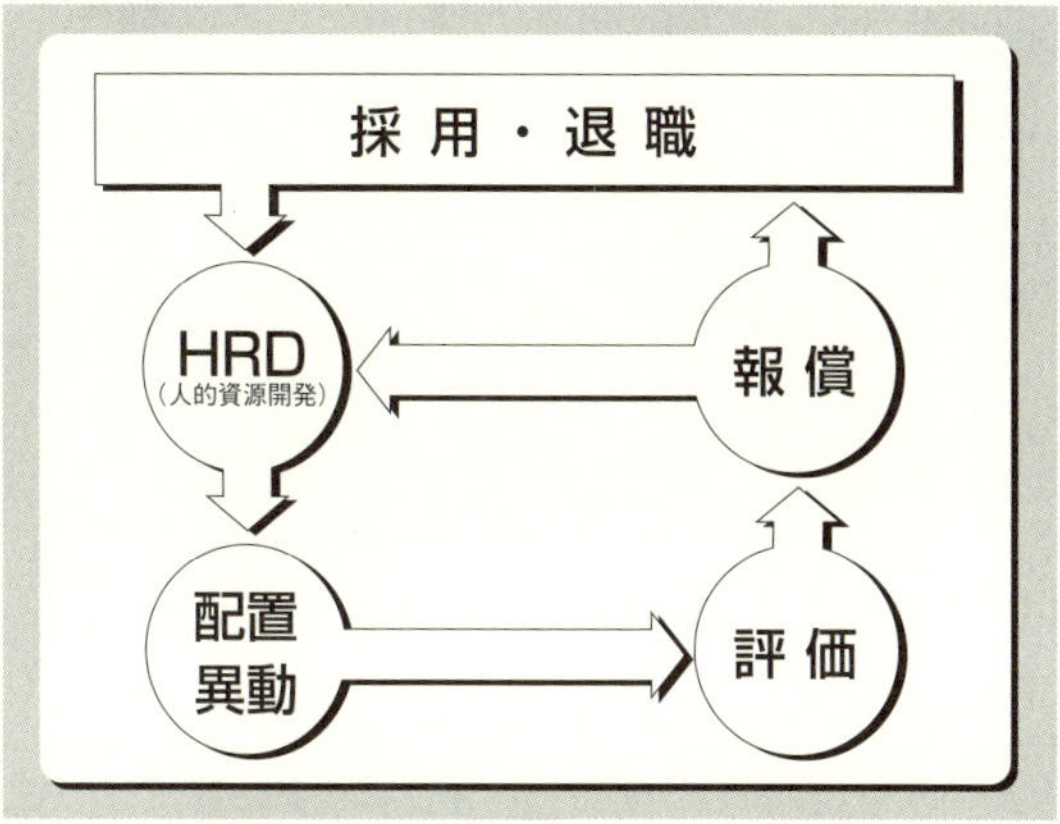

なことがあります。もしそのスタッフが管理能力をつけ、技術や現場の作業がわかる管理者として大きな役割を担う可能性がある場合は、現在の役割から替わってでも、工場の管理者として必要な知識やスキル、経験を積むことは重要なステップといえます。

当然、現実には、組織内の全ての人が望む職務に就くこともできません。HRMにおいて重要なことは、それぞれの現段階での職務の適性度と人材のマッチングを考え、最終的にどのような仕事をさせて、いかに長期的に企業の発展を促進させる体制を築くことができるか、ということを計画し、実行していくことです。

2-6 昇進と昇格

どのような部署に配置されるかということは従業員のみならず組織全体にとっても重要な問題です。配置先の部署により日常の業務内容が大きく変わることになるからです。HRMにおけるキャリアディベロップメント上、これらは、配置管理及び昇進・昇格管理として扱います。

従業員におけるキャリアの観点から見た配置や昇進、昇格を含んだ異動は次の三つのポイントに基づいて進行しています。

①職階上の職位間異動（昇進）
②所属組織内の異動（営業本部と営業支店間の異動等）
③所属や職種の異動

これまで従業員の配置・異動は課題を多く抱えてきました。企業内で必要とされる技能

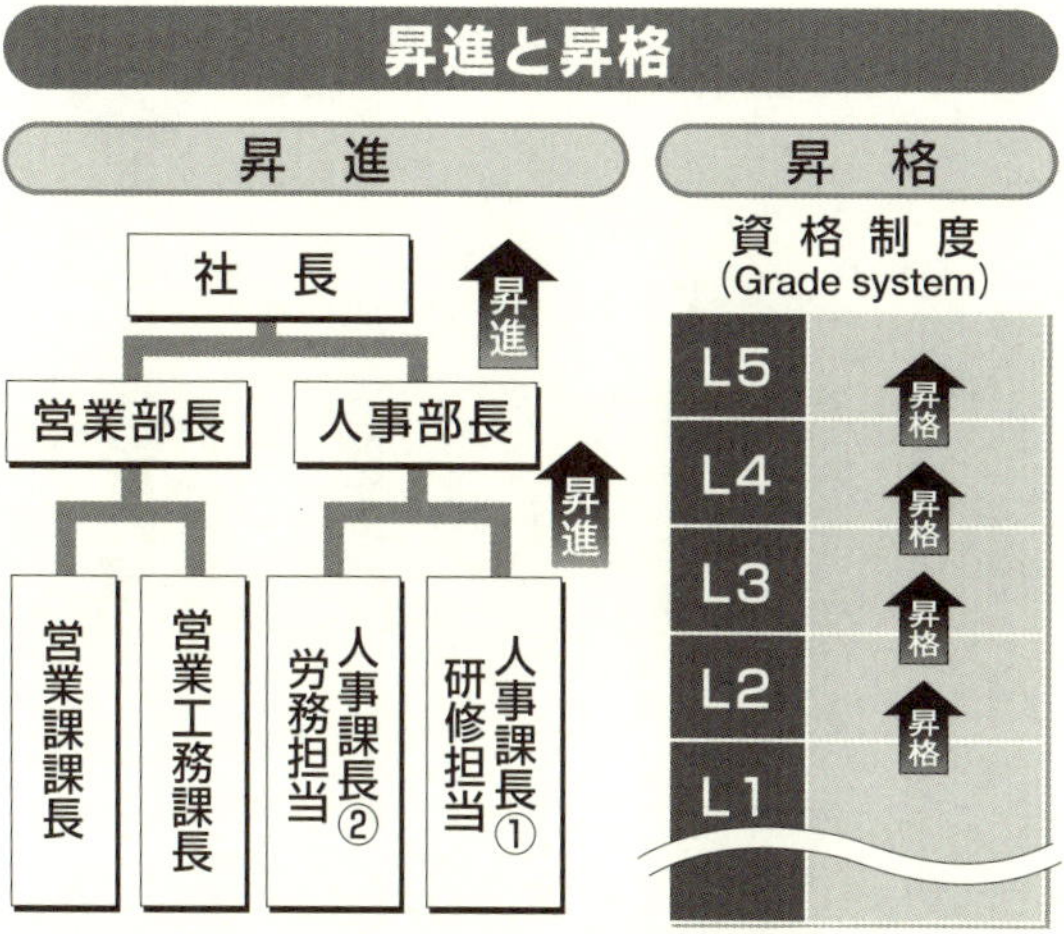

と従業員が持つスキルとのミスマッチも大きく、リストラクチャリングを実施している大部分の企業では、中高年従業員や管理職を対象として行うなど、このようなミスマッチをなくすことも配置管理の目的の一つです。

例えば、組織内の管理職層を管理職と同様の処遇にして対応する専門職制度等の導入により、従業員にとって資格要件を満たしていれば昇進でなく「昇格」として処遇するなど、マイナスのイメージがない対応をとり、組織内のキャリアコースを構築していくことも、この配置、昇進・昇格管理の重要な目的となっています。

2-7 人的資源開発

人的資源管理における、人的資源開発（ＨＲＤ：Human Resources Development）は①能力の向上、②入社時から体系化された継続的な活動、そして③経営理念・戦略との整合性をとることの三つの活動に分けて説明することができます。

①従業員に対する将来必要となる知識、技術、能力の向上
②体系化された人的資源に対する入社時点からの計画的で継続的な活動
③企業そのもの全体の存続、発展を実現するため、経営理念・戦略と整合性のとれた活動

また、それを実施するための機能として、以下の三つが必要となります。

一つは、「人的資源の潜在能力向上」です。個々の人的資源の技能を高めることで、人的資源全体の質の向上を図ることができるのです。二つ目は、「人的資源のニーズと企業の戦略的ニーズとの整合性をとること」です。それぞれ自分の仕事や技能に対するニーズ

HRDの3つの活動

1. 従業員に対する将来必要となる知識、技術、能力の向上

2. 体系化された人的資源に対する入社時点からの計画的で継続的な活動

3. 企業そのもの全体の存続、発展を実現するため、経営理念・戦略と整合性のとれた活動

を持っており、その個人のニーズと企業の戦略的ニーズとを適合させることで、企業全体の目標や経営戦略と個人の努力の方向性とを一致させることが可能になります。三つ目には、ＨＲＭとの協働により、企業の中で人的資源が有するすべての技能を発揮させ、効果的に活用できるようにしていくことです。

人、モノ、カネ、情報の四つの経営資源の中でも人（人的資源）は組織を動かす主役であり、経営資源の中でも核となる最重要資源であることはいうまでもありません。

人的資源を有効に活用するには、人材育成というプロセスが必要であり、人材への投資が欠かせません。

2-8 人材開発システム

人的資源管理において人は経営資源の中の一つとされていますが、組織を動かしている主体です。その資源を活かしていくには人材に対する投資も必要となります。その人的資源管理に含まれる人材に対する重要な投資の役割は人的資源開発（ＨＲＤ）システムによって実行されます。

組織における人材開発システムには大きくＯＪＴ（On the job training）、ＯＦＦ－ＪＴ（Off the job training）、自己啓発の三つがあります。

①ＯＪＴ：職場内で実際の仕事を通じて、知識や技術を身につけるという現場重視の人材育成方法であり、仕事だけでなく企業の風土や文化も吸収しながら短期間で効果を上げることができます。

②ＯＦＦ－ＪＴ：職場外で受ける教育訓練で、階層別研修、新入社員研修、専門別研修、

HRDの具体例

①OJT	②OFF-JT	③自己啓発
職場内で実際の仕事を通じて、知識や技術を身につけるという現場重視の人材育成方法であり、仕事だけでなく企業の風土や文化も吸収しながら短期間で効果を上げることができます。	職場外で受ける教育訓練で、階層別研修、新入社員研修、専門別研修、技能別研修など、日常の業務を離れて行われる集合研修を指します。	自己のニーズと興味に応じたその能力を向上させるために行う個別の能力開発をいいます。自己啓発援助制度など、企業からの補助が設定されているケースが多く見られます。

↓

CDPに基づいて実施

技能別研修など、日常の業務を離れて行われる集合研修を指します。

③**自己啓発**：自己のニーズと興味に応じて、その能力を向上させるために行う個別の能力開発をいいます。自己啓発援助制度など、企業からの補助が設定されているケースが多く見られます。

また、長期的視点における「人材開発」は、CDP（キャリアディベロップメントプログラム）と呼ばれます。ここでは、能力や適性に応じて目標職位を設定し、研修とジョブローテーションでそれに必要な技能と知識を長期的に身につける役割を持っています。

2-9 OJT／OFF‐JT (On the Job Training／OFF the Job Training)

丁稚奉公に見られるように、日本の企業では、元々OJTと本人の自発的意思による自己啓発を企業内教育の主たる柱とされてきました。つまり、集合研修、講義、セミナー・研修会への参加などによるOFF‐JTはあくまでOJTを補完する役割に過ぎなかったのです。しかし、産業社会の急激な変化と生涯教育の広がりから、社員の知識・能力を高めるため、OFF‐JTを重視する企業も多く見られるようになってきました。

OFF‐JTは次のように分類することができます。

(A)**階層別研修**：①新入社員②中堅社員③監督職、管理職④上級管理職⑤経営者等の階層に応じて行う研修。

(B)**職能別（専門別）研修**：生産、販売、研究開発など専門に応じた研修を実施。その他技能研修としてOA化によるコンピュータの研修も実施。

教育訓練の重点

—%—

区　分	事業所計	OFF-JTの充実	OJTの充　実	自己啓発援助の実施	その他
合　計	100.0	54.3	42.9	34.5	6.9
1,000人以上	100.0	71.0	63.0	25.0	5.2
500～999人	100.0	64.0	62.6	26.8	9.7
300～499人	100.0	62.4	58.6	25.4	6.5
100～299人	100.0	56.5	53.8	34.4	8.5
30～ 99人	100.0	52.6	37.8	35.5	6.4

出所:労働省「97年度民間教育訓練実態調査」「労政時報」、1999年、No,3426、P.69

ＯＦＦ－ＪＴの長所としては、体系的に理論などを吸収できることですが、一方実際の業務に直接的に結びつかない場合もあります。

自己啓発は、従業員一人一人のそれぞれの目的と目標に向けた能力向上と、関心・興味に応じた能力開発のための研修のことをいいます。このような自己啓発の場合はモチベーションが高く、動機づけにより行動を引き起こすため、実施率も高まっています。

米国においては訓練と開発は考え方が異なっています。従業員に対する訓練（トレーニング）は、職務遂行において不足しているところや、補うべきスキルについて行います。開発は管理者等に個人が将来的に必要とする能力を身につけさせることを意味しています。

2-10 キャリアディベロップメントプログラム（CDP）

従業員の長期的なキャリアプラン等を構築することも人材開発の大きな柱の一つとなっています。計画的な職務異動（ジョブ・ローテーション：job rotation）や研修を通し、従業員の職能を高めることで、将来必要な人材の育成を実現しようという制度を特にキャリアディベロップメントプランまたはキャリアディベロップメントプログラム（"Career Development Program" 略してCDP）といいます。

特に、個々の企業にしか通じない特有の知識・スキルではなく、広く社外で通用する能力開発（エンプロイアビリティ：雇用される能力の向上）という面から、その重要性が認識されています。このCDPでは、自己申告や目標管理を通し、上司や人事部管理者との面接と共に企業側の期待と従業員個人の長期的な目標、企業側に対する希望とのギャップを埋める努力をします。この計画に基づいて、教育、出向や異動が行われることとなりま

教育訓練等の実施状況（OFF-JT）

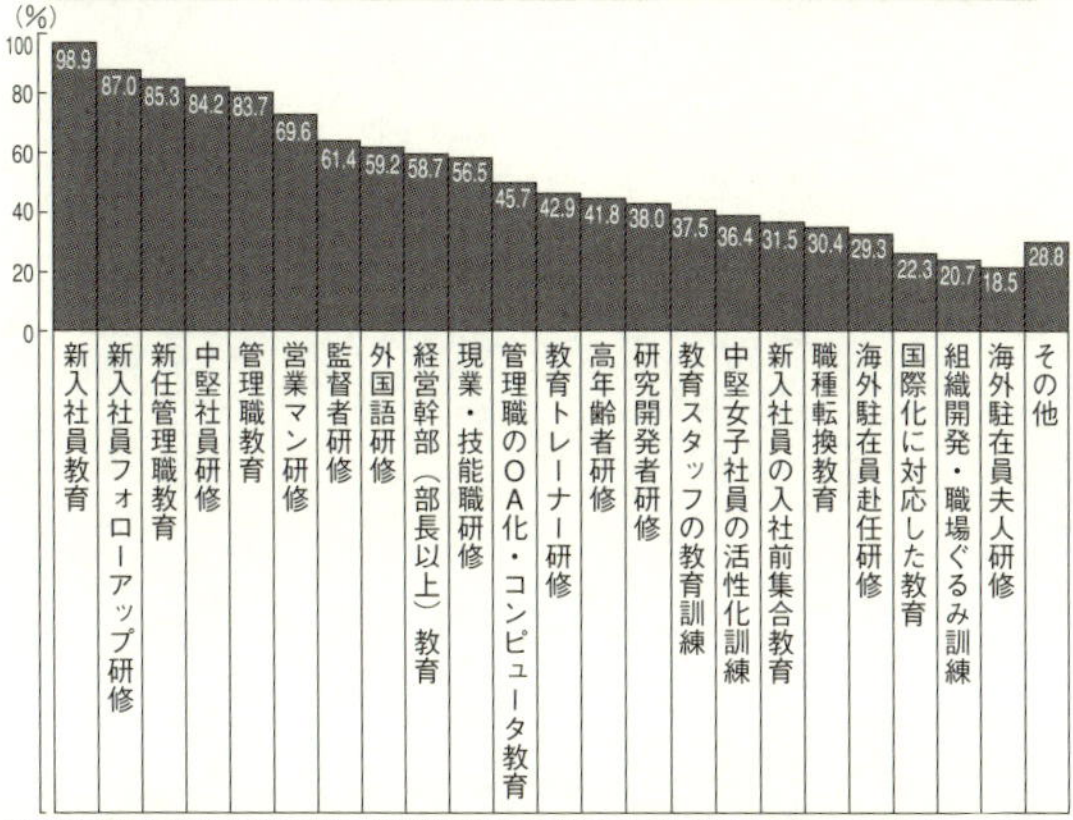

出所：労務行政研究所「教育訓練、公的資格取得援助等の実態」『労政時報』、1996年、No.3270、P.4

す。

この個人の長期的な成長を促すCDPは、会社からの異動の通知による出向やローテーションのほか、従業員自らが自主的に異動願い（社内転職）や研修への取り組みを申し出ることができる制度として持ち合わせている企業もあります。

ヒューレットパッカード社では、HPウェイという世界共通の価値観の下、会社の負担により、就業時間内に教育を受けることを奨励しています。職種を変更したいというキャリアプランを描くのも原則個人の自由であり、社内公募をはじめとして会社が積極的に個人のキャリアディベロップメントプログラム作成をサポートしていきます。

2-11 専門職制度（Specialist System）と選抜型経営幹部育成制度

専門職制度は、従来の昇進＝管理職ではなく、専門的知識・技術者、熟練技能者などを処遇する制度で、同一職能資格の場合は、管理職と専門職で処遇上の格差がないのを原則としています。

ジョブローテーションをベースとしたゼネラルマネジャーの育成を重視していた日本の社会、企業風土では、昇進＝ゼネラルマネジメントであり、それに外れた専門職はノンコアの労働力と見られていた傾向があったといえます。しかし、雇用の流動化、経営環境の変化や技術革新の進展で、専門的分野の職域が著しく拡大したことなどから、本格的な専門職制度を含む「複線形人事制度」が構築されつつあります。そこでは、優れた専門職を役員格として遇する欧米並みの「大専門職制度」「高度専門職制度」やプロフェッショナル契約制度を導入している企業も多く見られます。

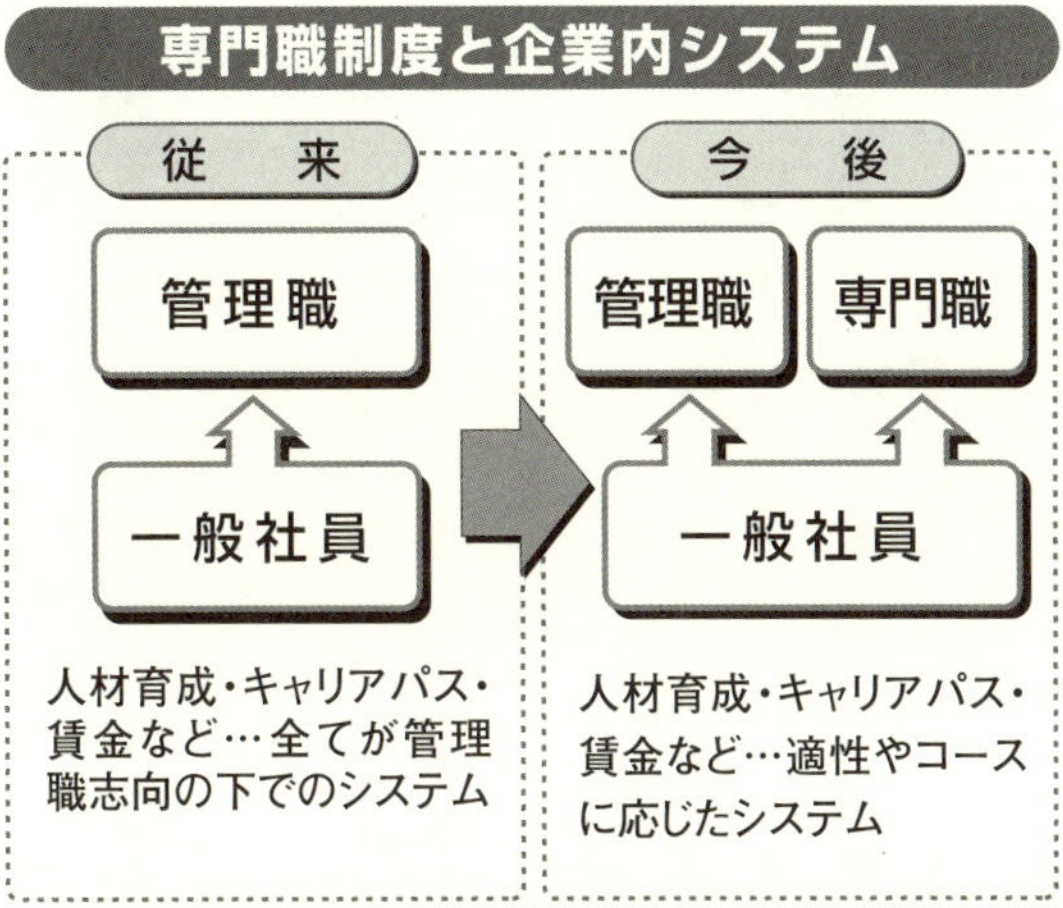

出所：北島雅則著「ビジュアル人事の基本」日経文庫、1995年

一方、選抜型経営幹部育成制度というものがあります。企業側が早い時期から将来の経営幹部候補者として選抜し、育成する制度で、多くは企業内大学（“Corporate University”）を設置し、従来の全体研修スキームとは別プログラムで、早期エリート育成プログラムの運営を実施しています。グローバルビジネスの推進、カンパニー制の展開と連結経営の徹底、能力主義の徹底などとともに、世界規模での競争に打ち勝つには、早期の経営者育成が不可欠の課題になってきています。

2-12 従業員の退職（アウトフロー）

退職に関して、適性な制度を作り運用をしていくこともＨＲＭの重要な役割の一つです。退職には自発的に退職をする自己都合退職と非自発的に退職をする会社都合退職があり後者は人材の流動化を促すために、自発的な退職を募る早期退職優遇制度（“Early Retirement Program”）なども含んでいます。退職金を割り増したりするインセンティブも併せ持っており、特に中高年を対象に行われています。このような優遇の制度は、第二の人生設計援助という面と雇用調整という面も持ち合わせているのです。

会社都合退職において、企業側からの一方的な通告による「解雇」は強制的退職であり、合理性が厳しく問われることになります。経営不振による人員削減の必要性などが証明されて初めて雇用調整が行われることになります。一般にリストラと呼ばれる余剰人員の整理も整理解雇の一つといえます（“Restructuring”は、純粋に事業や組織の再構築という意味で

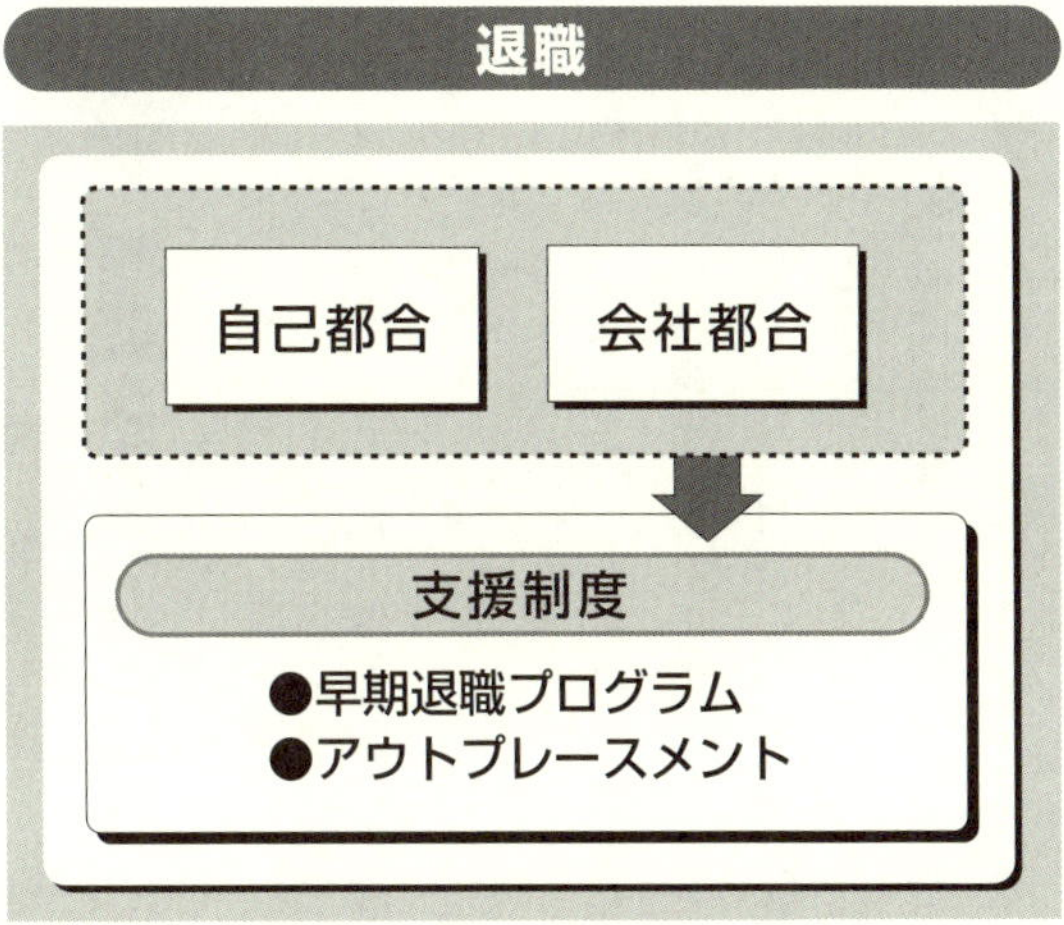

あり、日本でいわれる整理解雇の意味は持たない）。しかし、企業が一方的に解雇を実施すると、組織に残された他の従業員の士気にも大きく影響することになります。

早期退職プログラム応募者や解雇対象者に対する企業としての対応には、次のキャリア形成支援のため、アウトプレースメントサービス（再就職支援サービス）提供企業と契約し、会社として最後までフォローできる体制をとるケースが多くなっています。

また、従業員も自助努力により個人のエンプロイアビリティを自ら向上させていくことも大切になります。そのためのキャリア育成の支援や自立的に職業にかかわる意識など、意識転換を図っていくことも重要になります。

3．評価・報償システム

3-1 報償システムとは

報償システムとは、企業の全ての従業員が、仕事に対する魅力を感じ、モチベーションを高めて仕事をしていくことができるよう、公正で公平な立場で報償を与えていくシステムのことをいいます。

これは、金銭面で給与とは別に与えるものとそうでないものがあり、さらに、個人の業績に対して与える場合と、組織、グループの業績に対して与えるものなどに分かれます。報償をもとに、いかに目標に向かって行動を引き出すかといった手段はいく通りかに分けられます。その際、従業員をどの程度参画させるか及びどのような種類の報償を与えるか、といった意思決定は経営理念や従業員の要求、ＨＲＭ制度と一貫性が保たれたものでなければなりません。

これらの意思決定は、給与のうちどの程度をインセンティブとして振り分けるかといっ

報酬システム

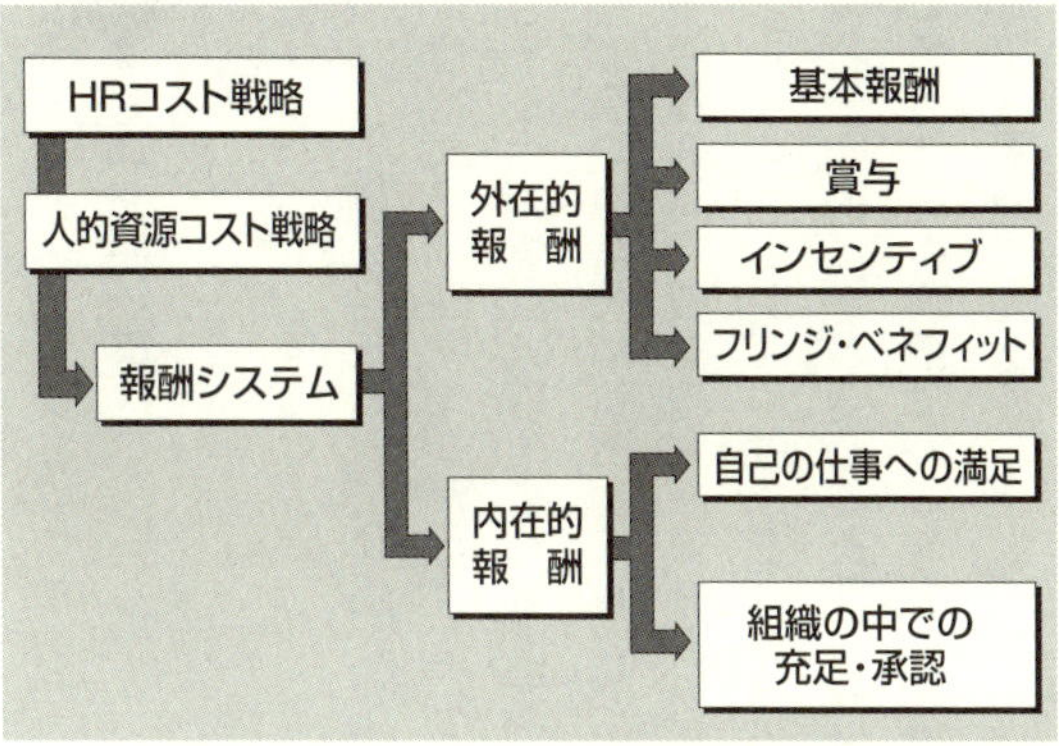

出所：花岡正夫著『人的資源管理論』白桃書房、2001年

たバランスや個人と組織の業績をどんな配分で報酬に結びつけていくのかといった評価システム、報酬システムにかかわることとなります。

企業全体の使命（ミッション）や目標と個人の目的を合わせることはもちろん、会社としてどの程度の利益を上げ、どの程度の財務状況において一定額の報償を与えることができるかなど、その土台となっている前提条件を理解しておくことは、この報酬システムを考える上で最も重要な大前提の一つといえます。

3-2 賃金管理

賃金は、労働の対象として使用者が労働者に支払う全てのものと定義されます。すなわち、一般的にサラリーマンが毎月支払われる月給だけでなく、ボーナス、退職金、現物支給などもこの「賃金」に含まれることになります。

当然、賃金は労働者にとっては報酬ですが、企業にとってはコストです。HRMにおいて賃金管理とは、賃金の水準、賃金の体系、賃金総額と労務量など、賃金制度の諸側面を考え、企業経営としてのコストと従業員としての源資との間で合理的なバランスをとることです。社会的条件と経済的条件を両方見ながらいかに両立をさせていくかが、HRMにおける賃金管理の問題でもあります。賃金体系や、職務給、職能給、昇給制度など賃金管理の制度、運用が大きく変化してきている中、賃金における公平性を保つために、賃金決定の根拠を示した制度を定めておく必要があります。

賃金管理制度

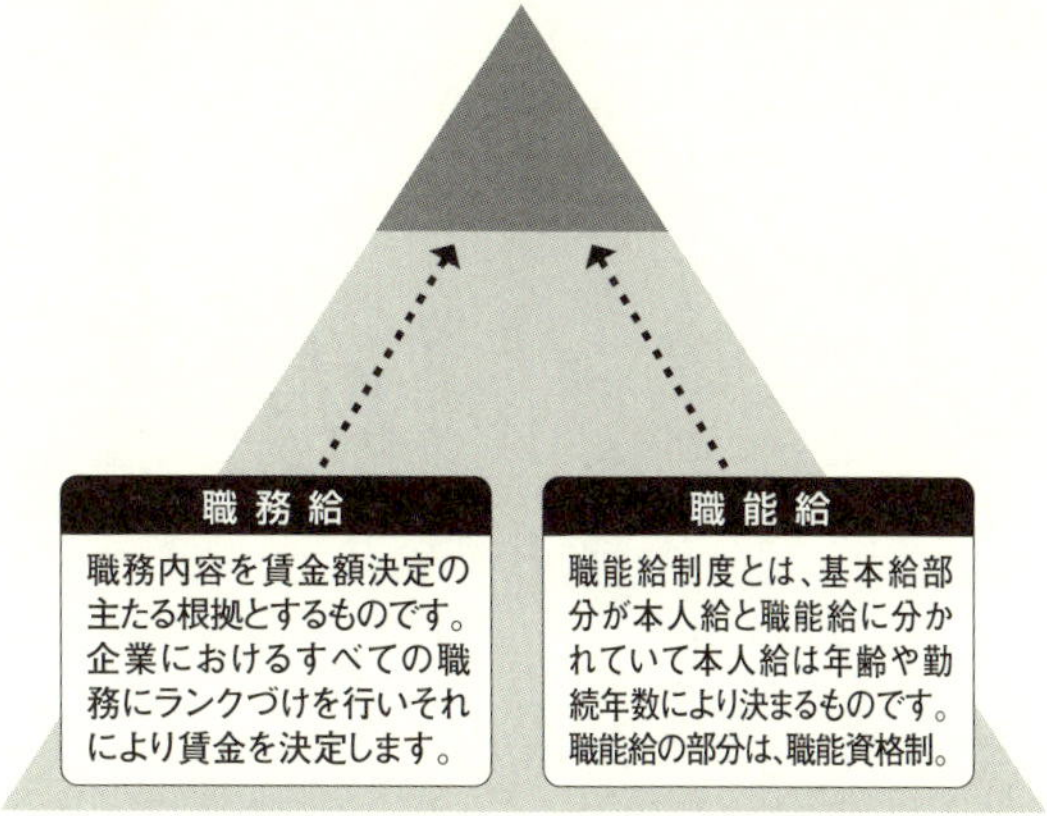

①**職務給制度**：職務内容を賃金額決定の主な根拠とするもの。企業における全ての職務にランクづけを行いそれにより賃金を決定。

②**職能給制度**：基本給部分が本人給と職能給に分かれていて本人給を年齢や勤続年数により決めるもの。職能給の部分は、職能資格制度のランクにより決定。

従来より、職務給を中心とするアメリカ型と、年功の色が強く出ている職能給制度を中心とした日本型とは大きな隔たりがありましたが、最近では双方が歩み寄り、よりバランスのとれた中間的な賃金管理の制度へ移行しつつあるといわれています。

3-3 人事考課とは

人事考課とは、従業員の能力や業績を評価するための制度で、職務活動を通じて、対象となる従業員の、能力の保有度、能力の遂行度、遂行における態度・姿勢、それらの活動による成果・業績を評価する仕組みをいいます。

人事考課は、昇進・配置、昇給、賞与、教育訓練などに関する決定の際、重要な基礎資料とされ、非常に大きな影響力を持っています。したがって、公平で信頼の持てる根拠のあるものである必要があります。また、自己申告制や自己答申と面接など、客観性や納得性を高めるために、補完的な方法を組み合わせることが重要となります。

特に、自己申告制については、目標管理と合わせることで従業員が自らの担当職務の遂行状態、勤務態度などについて自己評価するとともに、自己の適性、所有する資格、専門知識、将来の担当職務に関する目標や希望について申告し、上司や人事担当者と将来の

職務設計の一延長としての業績評価システム

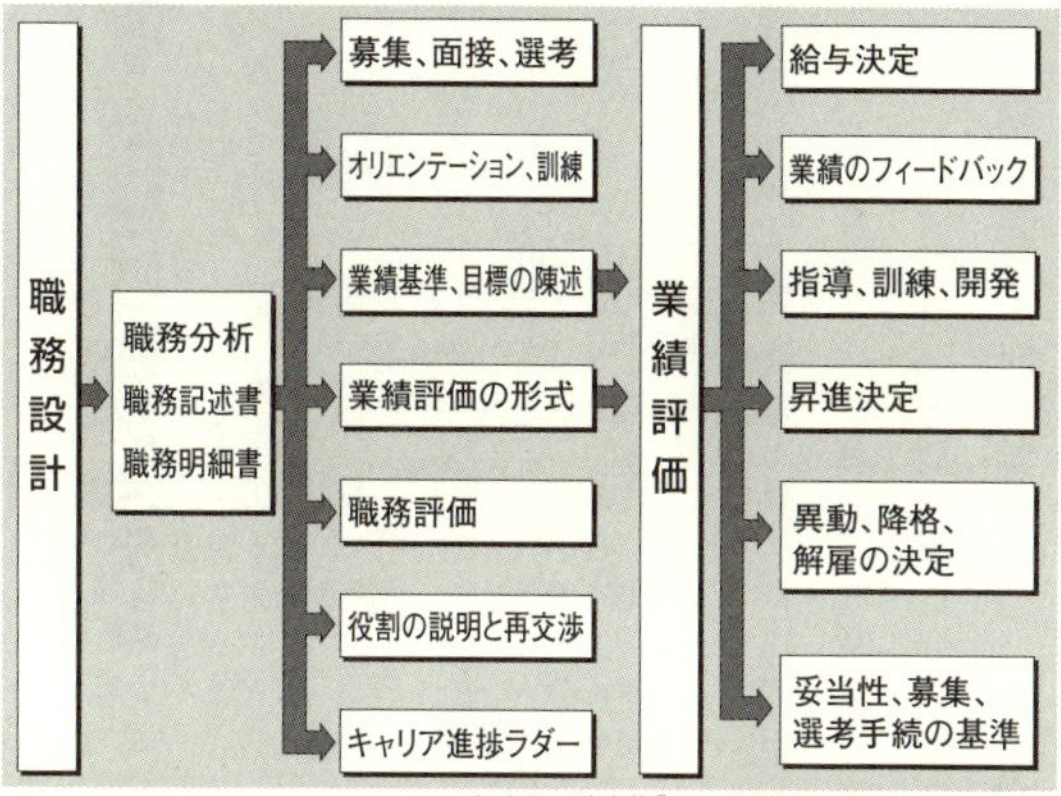

出所:西川清之著『人的資源管理入門』学文社、1997年

キャリアディベロップメントプランなどについての面接も行うことができます。これらの諸制度は、「いかに人事考課の信頼性を高め、適性な配置や人材開発などに生かせるか」といった目的を持っています。

一方的な管理から、これらを双方向に行えるようにしたのが自己申告であり、それらをより客観的にした、自分を含め上司や同僚、部下まで評価に加わる三六〇度評価制度といったものも導入されています。一方、制度と運用は別問題であり面接（評価）をする側もされる側も、プレゼンテーションスキルやコーチングといった関連スキルの向上を図ることでより現実的な活用が見込めます。

3-4 業績評価システム

通常、業績評価の目的は、前述のような金銭的なインセンティブ目的での評価によるものや、従業員の能力開発目的のための評価まで、様々な目的が挙げられます。

また、どの目的を重視するかは、企業の特徴や政策によって異なってきます。つまり、最適のパフォーマンス評価システムというのは存在せず、企業によって全く異なった目的の下に実行されています。

業績評価と能力開発のための評価ではその目的が異なるため、評価項目などのプロセスも当然異なってきます。例えば、業績評価が人材の選抜に用いられるとすると、最も重要なことは、人材を良い人材とそうでない人材に分け、良い人材のみを選抜することになるため、評価の項目が何百にも詳細にわたっていることは必ずしも重要でないといえます。

一方、能力開発のためのフィードバックに用いられる場合、弱い部分を補い、強い部分を

一般的な業績評価の目的

人材の選抜、給与・昇進等に関する意思決定	パフォーマンス向上のためのフィードバック	組織内、職場内コミュニケーションの促進	事実の記録（法的対策など）

パフォーマンスの尺度

1. 特定の職務に必要な能力
2. 組織内で通用する広い職務に関する能力
3. コミュニケーション能力（文章力も含む）
4. 努力、持続力
5. 自己啓発の継続
6. チームパフォーマンス向上に向けた仲間への励まし
7. リーダーシップと指揮監督
8. 管理業務

さらに強化する評価項目が複数に分かれているほうが、より詳細で効果的なフィードバックが可能になると考えられます。

なお、コミュニケーションの促進のために業績評価が行われる場合は、そのプロセス自体がより重要となってきます。評価の頻度やフィードバックの方法、そして事前の目標設定など、パフォーマンス評価にまつわる様々なコミュニケーションプロセスをどのようにしていくかということに注意を向ける必要があるのです。また、業績評価が法的対策としての事実の記録という目的を持つ場合、どのように記録しておくかが重要な視点となってきます。

3-5 業績評価の正確性

業績評価が正確であることは望ましいことですが、全てが定量的な評価に落とし込めるわけではない場合、定性評価が介入することによる主観性をゼロにすることは不可能です。したがって、たとえ正確性を高めるために多大なコストを投じて業績評価システムを構築したとしても、基準そのものの評価がデジタル定量的に実施できない以上、評価システムが目的を一〇〇％満たすとはいえません。そうした前提で、できる限り正確性を高めるためには、どのような要素が必要になるのでしょうか。

評価者が対象者の業績を評価するためには、その業績を判断する情報が必要です。最も重要なのは、評価者が直接対象者の行動を観察することであり、評価の正確性の向上につながります。さらに、誰が評価するべきかではなくて、誰が評価できるか、つまり誰が対象者を評価するのに十分の情報を持ち得るかという視点で評価者を選ぶべきであり、組織

評価環境のベースとなるもの

1. 評価者が対象者を直接観察できる機会を増やすような環境を整える
2. 評価者が積極的に対象者の評価に用いる情報を収集するように動機づけさせる
3. 対象者の評価に関する情報を最も手に入れやすい人を評価者にする

上、上司が部下を評価しなければならないと考えても、その上司が、部下の行動を直接観察する機会が少ないようであれば、正確な評価にはつながらないことになります。その上司の他に、直接観察できる立場にある人がいる場合、その人が対象者を評価したほうが、より正確な評価につながるといえます。

一方、評価者のトレーニングは、業績評価システムを効果的なものとするために欠かせないものです。トレーニングによって当該組織にとっての業績とは何か、またどういった行動が望ましくてどういった行動が望ましくないのか、といった統一した見解を築き、一致させることが求められます。

3-6 目標管理制度（MBO：Management by Objectives）

モチベーションを高め、仕事に打ち込むと業績（パフォーマンス）に大きく影響します。組織行動におけるモチベーションに関する理論で、目標設定理論（"Goal Setting Theory"）というものがあります。その理論を用いた制度を目標管理制度といいます。この目標管理制度とは、各自が自己の仕事に関する目標を設定し、結果とその過程を定期的にレビューすることで、評価と意欲の向上を促す制度のことです。月間や四半期、または年間達成すべき目標に対して上司が組織の全体目標や期待を明示し、話し合いのもと目標設定がされます。

代表的な流れは次のとおりです。

①顧客のニーズと事業の目標を理解した上で、自分の役割と機能を目標達成のためにどうすることが必要か再確認を実施

MBO

1 顧客のニーズと事業の目標を理解した上で、自分の役割と機能を目標達成のためにどうすることが必要か再確認を実施

2 役割と具体的な目標を設定

3 目標と結果を比較した上で、評価を実施、今後のプラン等をフィードバック

②役割と具体的な目標を設定
③目標と結果を比較した上で、評価を実施、今後のプラン等をフィードバック

マクレガーはこの「目標による管理」をY理論とともに取り上げています。この「目標による管理」は広くR&D部門や営業部門などの職務を担当している部署等でも動機づけの手法として取り入れられています。

次項で説明するバランススコアカード（"Balanced Score Card"）なども、目標管理の一つであり、従来の目標管理をさらに定量化させ、より経営目標と一致させる目的で導入されています。

3-7 バランス・スコア・カード(BSC：Balanced Score Card)

経営上のあらゆる戦略的な目標を定め、その数字の推移を必要に応じてチェックし、問題点や強化すべき点を早いうちに見つけ出すことで、対応策を立て、実行する経営管理手法の一つにバランススコアカード(BSC)があります。

企業によって戦略的目標管理、多面的目標管理などと呼ばれているこのBSCは、従来の目標管理と同類で考えることができますが、財務的な結果だけでなく、それに至るプロセス面もバランスよく重視していること、そしてそれらの測定に数値化を徹底することによってあいまいさを排除したことが特徴で、経営の有効なフレームワークの一つとして活用されています。

BSCでは、全社、部門、部署、個人それぞれに目標を立て、具体的な数値指標(「人為ミスを減らす」ではなく「○・○一%以下にする」など)で管理します。そのため、個人

人事における測定構造

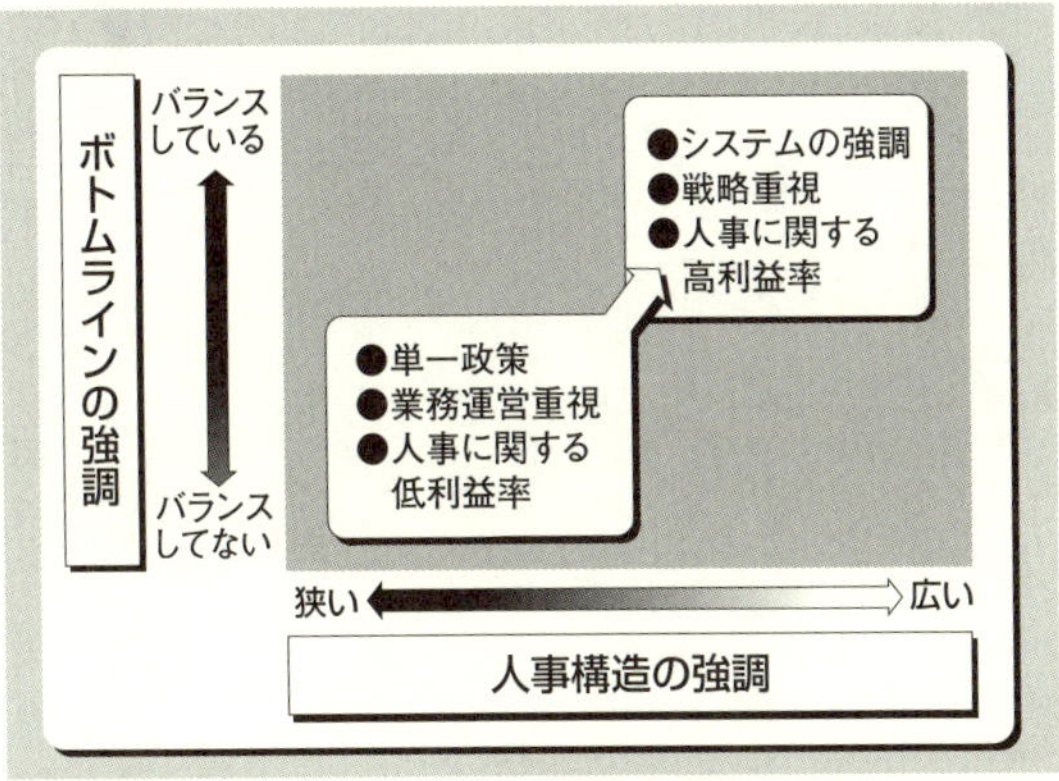

出所:B.E.ベッカー他著『HRスコアーカード』日経BP社

の努力をはじめとする実際の業績に現れないプロセス面または個別要素から客観的に人材を評価することができます。

ロバート・キャプランとデービット・ノートンによって提唱されたこのBSCはGEやHPなど有力企業に導入され、日本の企業でも導入されています。BSCでは、数値的な指標の管理にIT（情報技術）が活用されており、ソフトウェア大手企業より専用のソフトウェアが提供されています。

3-8 コンピテンシー（Competency）評価

「高い成果を生み出すために安定的に発揮している思考・行動特性」をコンピテンシーと呼び、基準を設定した上で評価制度の一つの形として利用しています。コンピテンシーは、その特性により大きく三つに分けられます。

①知識・スキル（"Skills"）：対人関係構築力や情報収集力
②性格・性質（"Character"）：柔軟性や持続性、計画性
③意識（"Mind"）：リーダーシップ等業務を遂行する上で個人が重視する意識

コンピテンシー評価では、次の流れで評価基準を設定し、それに基づく目標管理や能力開発が行われています。

(1)部署・ポストごとに〝できる〟社員（ハイパフォーマー）の行動を分析
(2)成果を生む特性を抽出

コンピテンシーの特性

❶知識・スキル（"Skills"）	対人関係構築力や情報収集力
❷性格・性質（"Character"）	柔軟性や持続性、計画性
❸意識（"Mind"）	リーダーシップ等業務を遂行する上で個人が重視する意識

コンピテンシー評価の実施

❶ 部署・ポストごとに"できる"社員（ハイパフォーマー）の行動を分析

❷ 成果を生む特性を抽出

❸ 成果を生むハイパフォーマーの行動特性を評価基準として明示

❹ ハイパフォーマーに共通の行動パターンを抽出、明示、社員の採用や幹部登用の際の判断基準とする

(3)成果を生むハイパフォーマーの行動特性を評価基準として明示

(4)ハイパフォーマーに共通の行動パターンを抽出、明示、社員の採用や幹部登用の際の判断基準とする

また社員の評価基準や目標管理にも活用されています。日本の企業でも導入が見られるこのコンピテンシー評価を、企業の人事管理制度の根幹になっている職能資格制度と結びつけ日本型コンピテンシーとして人事制度の再設計を行う企業も見られます。

第2部
組織行動

人や組織の問題について考える場合、経営学では人的資源管理（HR）と組織行動（OB）とでは考える視点が異なります。HRでは人や組織に対して評価や制度などの仕組みを作り上げることにより、人や組織を活性化させるのに対して、OBでは管理者などの個々人の取り組み方によって、人や組織に働きかけを行っています。どちらも人によって作り上げられていますが、人と組織を管理し、効率よい組織運営をしていくためには、その両方の視点が必要となります。

組織行動（Organization Behavior）とは、企業の生産性や業績に影響する個人行動、集団行動、そして集団の集合である組織そのものの行動を研究する分野として定義されています。

組織をつかさどるのは、人という経営資源です。この人から形成される組織には企業の個性といわれている組織文化が存在しています。組織文化は、戦略との関連性が強く、時には企業の事業展開を制約する場合があります。

このように、最終的にはHRMと同様OBも企業の柱である「経営（戦略）」を十分意識した運用をし、それらに基づいた組織構造、組織文化、インセンティブ制度やリーダーシップのスタイルを構築していく必要があります。

第4章「組織構造」では、それらの戦略的観点から見たHRM諸制度を活用される器としての組織形態について学んでいきます。具体的には、機能別組織、事業部組織、マトリックス組織、カンパニー制、ネットワーク組織、チーム型組織などの組織形態が持つメリットとデメリットについてそれぞれ検討します。

第5章「組織行動と文化」では人的資源管理の各種制度やフレームワークに対し、個人や組織のダイナミックスについてのベースとなっているコンセプトと、それらを包み込む組織文化や風土といったより見えづらい領域について考えてみます。

第6章「モチベーションとインセンティブ」では組織行動の中でより具体的に示される個と組織を動かすモチベーションについて検討し、このモチベーションを実際に向上するために必要なインセンティブについてのコンセプトとその実例を学びます。

第7章「リーダーシップとパワー」では個人と組織を動かすために不可欠となる要素について見ていきます。企業を率いていくべきリーダーシップを考え、そのために必要な資質などを検討します。

また、単に人にものを「教える」ティーチングとコーチングの違いを明確にし、組織で働く人の能力開発を支援する方法を考えます。

さらに、これまで見てきたリーダーシップに加え、組織を引っ張っていくために必要なパワーについて考え、目的達成へ至るまでに必要なプロセスと実行のための管理法をまとめます。

◉第2部

4. 組織行動と文化

4-1 組織行動とは

組織行動（Organization Behavior）とは、企業の生産性や業績に影響する個人行動、集団行動、組織そのものの行動を研究する分野として定義されています。

組織行動論は大きく三つの領域で構成されています。

①**個人に関する領域**：組織の中で働く個人の態度や行動が、職務満足や離職、生産性にどのように影響を与えているかを扱います。個人の態度や行動が主な分析の対象となっているため、産業・組織心理など、心理学の分野からの影響が大きく、個人の認知やモチベーションも深くかかわっています。

②**集団（個人の集合）に関する領域**：二つに分類され、一つは組織の中にある公式・非公式集団そのものに関する研究で、集団を構成しているメンバーの満足と集団の生産性とをともに高めるためにはどうしたらよいかということです。もう一つは公式・非公式集団が、

組織行動論の体系

分類	個人行動に関する研究領域	集団行動に関する研究領域	組織そのものの行動に関する研究領域
分析レベル	個人レベル	集団レベル	組織レベル
影響を受けている学問	●心理学	●社会学 ●社会心理学	●社会学 ●社会心理学 ●文化人類学 ●政治学
代表的な研究テーマ	●個人の生物学的特徴 ●パーソナリティー ●認知 ●学習 ●モチベーション ●職務満足 ●意思決定 ●従業員の選抜	●グループダイナミックス ●ワークチーム ●リーダーシップ ●コミュニケーション ●権力（パワー） ●コンフリクト	●組織構造 ●組織設計 ●組織変動 ●組織文化 ●組織環境
呼び方（注1）	ミクロOB		マクロOB（注2）

（注1）ミクロOBとマクロOBを合わせて、組織科学（organizational science）とも呼ばれている。
（注2）研究者によっては、マクロOBを組織行動論とはみなさず、組織理論（organizational theory）に含める傾向もある。
出所：石田英夫ほか著『MBA人材マネジメント』中央経済社、2002年

その集団の中で働く個人にどのように影響を与えているかに関するものです。

③**組織（集団の集合）に関する領域**：組織構造や組織文化が企業の業績にどのように影響を与えているかに関して、心理学だけではなく、社会学や政治学、文化人類学等のマクロ的な学問から考えます。

これらの体系からなる組織行動論は、明らかになった理論を活用し人材の活性化につながるように、人材開発、人材育成、組織の中でのモチベーションを高める施策等、様々な形で、経営現場を通して適用されています。

4-2 組織行動論の歴史

組織行動論は、一九二〇年代の後半から一九三〇年代の前半にかけて行われたホーソン研究にその端を発しているといわれています。ホーソン研究（実験）とは、アメリカWestern Electric Companyのホーソン工場で行われた一連の実験を指しています。

ホーソン研究は作業現場の物理的な環境が労働者の生産性にどのような影響を与えるかを研究するために始めた照明を使用した実験で、照明の明るさと労働者の生産性との間の関係を調べた実験です。当初は照明を明るくすると、生産性が高くなるのに対して、暗くなるにつれて生産性は落ちると予想されました。しかしながら、実験を行った結果、照明を明るくするとたしかに生産性は上がったものの、暗くしても、生産性は落ちませんでした。

このホーソン研究では効率を優先するあまり労働者の人間的な側面を無視し、労働者は

組織行動論の歴史的展開

	人間に対する仮説	モチベーション管理戦略
1910〜	経済人	●科学的管理法 ●X理論 ●S-R理論（初期の行動主義）
1930〜	社会人	●ホーソン研究 ●S-O-R理論（新行動主義） ●人間関係論
1950〜	自己実現人	●Y理論 ●M-H理論（ハーズバーグ） ●参加的管理
1980〜	複雑人	●条件適合理論 ●個別管理 ●調査の精神

出所：松浦健児・岡村一成著　『経営組織心理学』朝倉書店、1992年、P.32

管理者が決めていることだけに忠実に従えばよいという科学的管理だけでは、企業経営はうまくいかないということを証明した点で意義は大きかったといわれています。

人間の態度や行動、モチベーション（動機づけ）、リーダーシップ、グループダイナミックス（集団動学）など、現在も組織行動論の中で取り上げられている重要な研究テーマの多くが、このホーソン研究に端を発しています。組織行動論が、組織内での人間、集団、組織の行動が生産性や業績にいかに影響を与えているかを研究している分野である限り、組織で働いている人であればだれにでも、組織行動論に関する知識は必要であり、また必要不可欠になってきます。

4-3 組織文化の形成プロセスと特性

創業者の価値観やマネジメントのリーダーシップ、成功・失敗体験など、組織の歴史を映し出す組織文化は社是や社訓といった形で、創業者の理念や哲学を伝達します。また理念や哲学は、会社の経営方針を貫く柱として、人を選抜する際の基準としたり、新たにスタッフを採用する基準となります。時間とともにそれらのメンバーが将来の組織と戦略的意思決定を担う管理者となるからです。新たに組織に参加するメンバーに対し、朝礼や入社式に代表される儀式や教育訓練、武勇伝、象徴的なシンボル、組織独自の言語など、公式、非公式な行動パターンを浸透させ、継続的なフローが形作られます。その結果として、徐々にその組織独自の文化が形成され、維持、強化されていくことになります。

組織文化の特性としては、その硬直性が挙げられます。形成された組織文化を変えていくことは、その文化が強力であればあるほど困難であるという事実もあります。例えば組

組織文化形成のプロセス

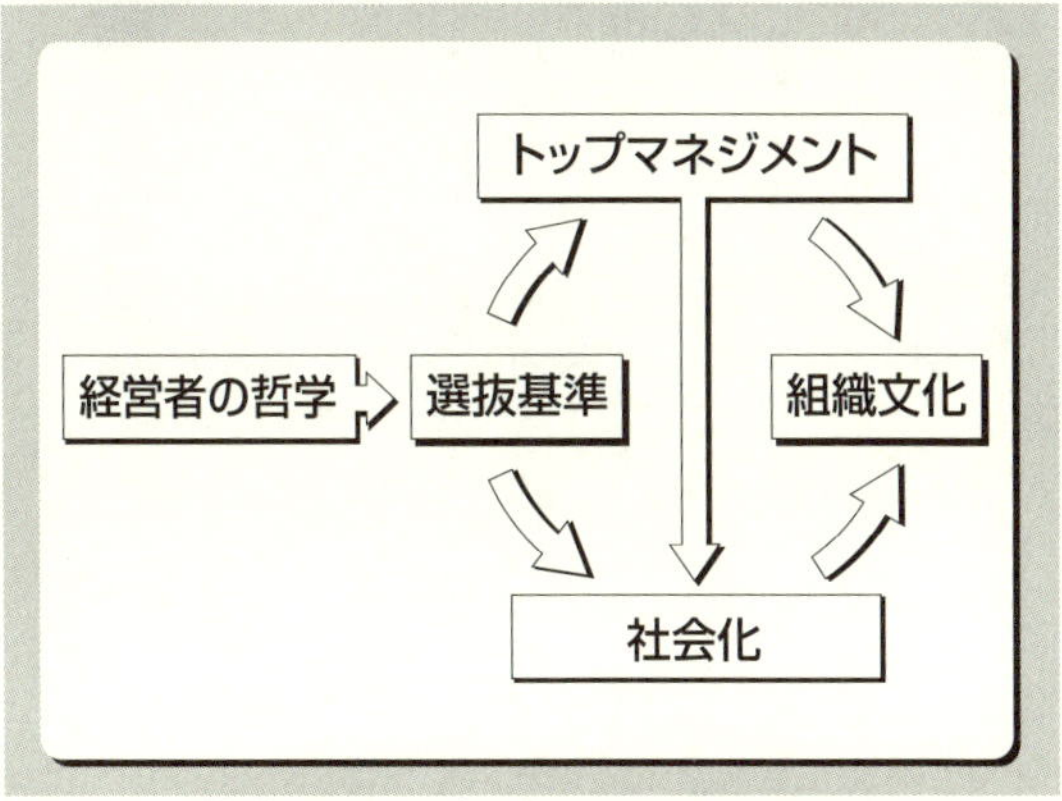

（出所）Robbins, S.P. (1993), "Organizational Behavior", Prentice-Hall.

織文化がメンバーに深く浸透すると、「組織＝社会」という狭い世界観に凝り固まってしまうケースもありえるのです。

このような組織文化に影響を与えるためにはビジョンのような抽象的な目標と同時に、具体的な行動指針などを明示し、どのレベルでどういった行動が求められるかをメンバーが把握判断できるような内部的な組織作りが必要になります。これら内部的組織作りは、組織全体として望ましい行動をしたときに受ける物理的、心理的、社会的報酬及びペナルティが機能する仕組みを作ることが重要です。

4-4 組織開発

従業員の能力を高め、労働における成果をできる限り向上させると、組織全体の業績向上につながり、利益の向上をもたらします。このような労働成果は労働能力と労働意欲によるものであり、人的資源管理では従業員のやる気（意欲）と能力を向上させることにより、成果をさらに高めていくことができます。

一九六〇年代に行動科学に基づいた組織変革の方法として注目されはじめた組織開発（"Organization Development"）は、組織の効果性と健全性を高めるために、組織全体を計画的に変革させていくことをいいます。組織開発の変革のプロセスとしては以下のような三つのステップで展開されています（Lewin 1951：Schein 1968）。

第一ステップ：「解凍」（Unfreezing）

変革へのモチベーションを作り出す段階です。つまり現状の状態を認識し、新しい何か

組織開発の変革プロセス

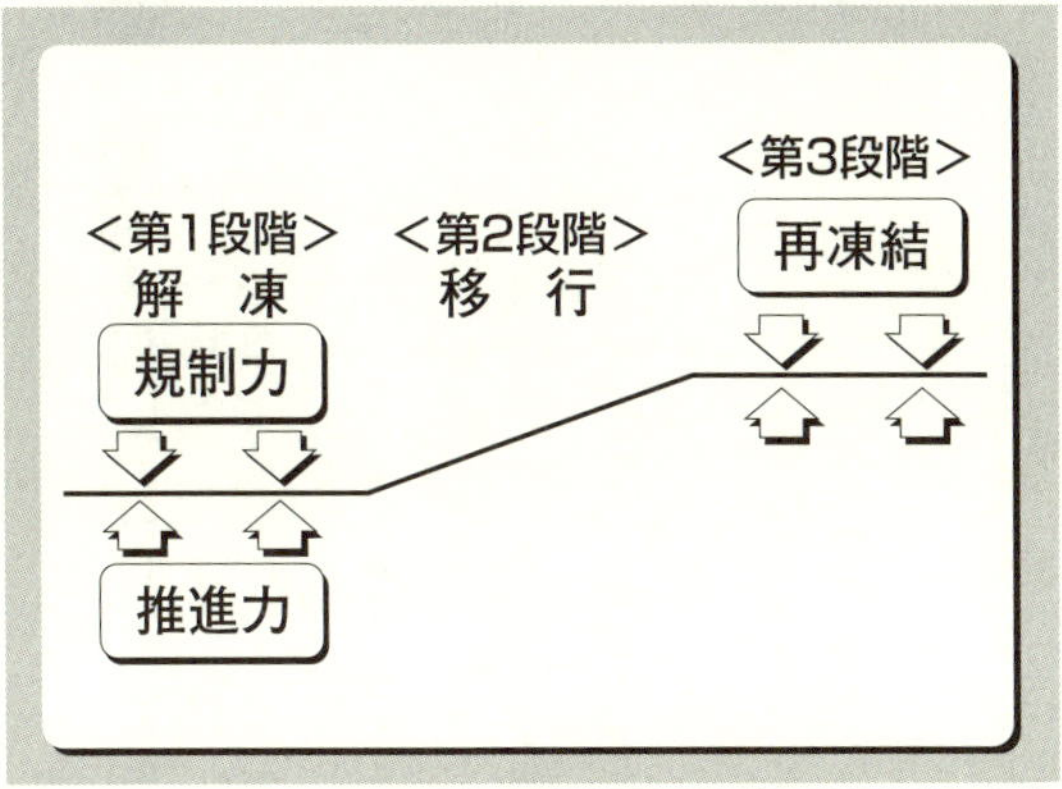

出所：服部治・谷内篤博編『人的資源管理要論』晃洋書房、2000年

変革を起こす必要性を認識するという過程です。

第二ステップ：「移行」（Moving）

望ましい状態に向けてなんらかの計画的な行動を起こすという実践的な段階。

第三ステップ：「再凍結」（Refreezing）

新しい状態や行動が定着するように工程や仕組み、その他を確立していく段階。

変革を定着化していく段階では、意識や行動をいかに変えていくかが、極めて重要なプロセスとなります。つまり、組織開発とは、組織全体のそれぞれの能力や機能が最大限に発揮されるよう、組織文化や風土などに対して展開される、経営トップを中心とした組織的規模の計画的な変革過程であるといえます。

4-5 組織IQ（Organization IQ）

組織ＩＱとは組織の知能指数を指しています。また、『スマート・カンパニー』（原著“Survival of the Smartest”）では、コアの概念が組織ＩＱ（Organization IQ）を指しています。情報化社会といわれている現代、企業は大量の情報をいかに早く効果的にそして効率的に処理するかの能力が極めて重要になりますが、組織ＩＱは、情報の迅速な処理によって意思決定を効果的に行い、それを実際に実行に移すことができる能力をいいます。

組織ＩＱは次の五つの側面で定量化されています。

(1)外部情報における認識、(2)意思決定機構の構築、(3)内部における知識流通、(4)組織でのフォーカス（焦点を絞る）、(5)事業ネットワークの活用

高い組織ＩＱの下では、組織のそれぞれの部門が外部情報を敏感に感知して、有用な情報を意思決定に結びつけることができ、また内部でも共有化することができます。さらに

組織IQ

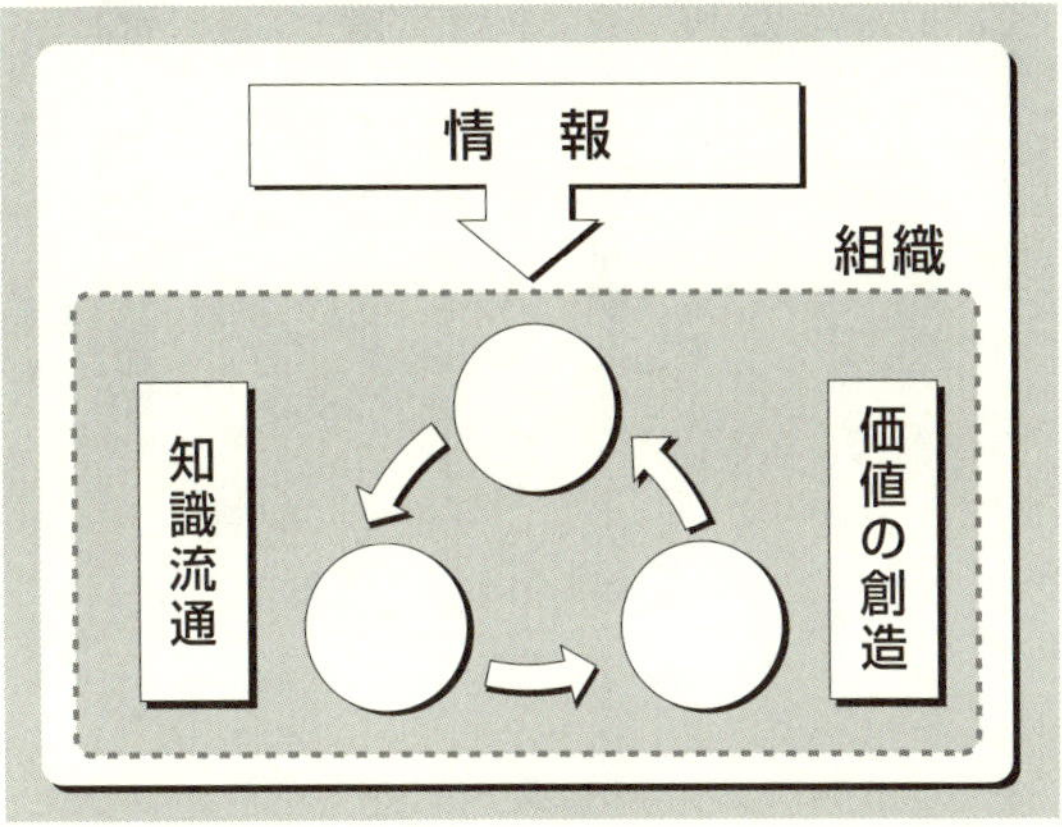

業務範囲の限定化を行い、組織の構造とプロセスを簡素化したり、情報の過多や組織の複雑化を防いだり、本当に必要で、また有用である情報の選別を推し進めているといわれています。同時に、自社をネットワークの一部分と位置づけて、本当に有用であるとされる情報を自社ばかりでなく、事業ネットワークに結びつけて付加価値の創造を推し進めています。それらがスピーディーで効率的な組織IQを規定することになります。

また、組織IQは定量化することができるので、データベースにして社内の事業部間でのやりとりや、競合他社などを時系列でベンチマークすることができます。

5. 組織構造

5-1 機能別組織

「人間にやる気を起こさせる動機づけとは何か」、「どう職務領域を設定するか」、「組織内においてだれが何に関する決定権限を持つか」、企業の組織図にはこれらの重要な問題に関する決定事項が反映されています。また、組織形態を企画するためには、経営環境、成長ステージ、組織文化等も考慮する必要があります。以下では、このような要因を検討した上で、三つの組織形態を説明します。

機能別組織

機能別組織では、研究員は開発部門に、営業マンは販売部門に、というように機能ごとに同一部門に集められることになります。機能別組織には同じ仕事を担当するスタッフが一つの組織に集結するため、スキルや知識の伝達・共有化がしやすく、専門性を高めやすく、効率性が追求できるというメリットがあります。

機能別組織の例

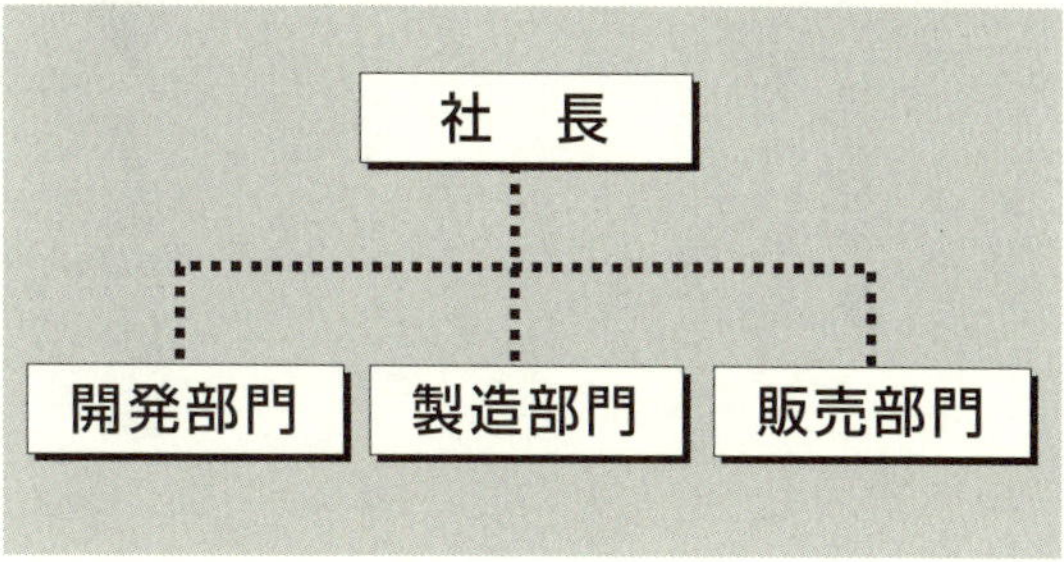

組織の権限や責任が限定されており、専門的なものの見方に片寄る傾向があります。そのため全社の利益最大化よりも、各組織の利益最大化を追求する傾向があり、幅広い知識を持ったマネジャーが育ちにくく、組織間の紛争が起こりやすいことが指摘されています。その結果、最終的な意思決定がトップ・マネジメントに集中することが多くなり、職能間の調整に手間取ったり、決定に時間を要する事態が起こるといった影響があります。なお、一般的には機能別組織では、企業レベルの意思決定への関与や、責任の所在などが不明確になりがちなため、事業形態が単純で製品の種類が少ない場合に有効といわれています。

5-2 事業部組織

企業が大きくなると、本社が全事業の意思決定を行うのは非効率であるため、組織をいくつかの事業部に分け、権限を委譲して運営します。事業部制とは、このように事業ごとに編成された組織（事業部）が本社の下に配置された組織形態をいいます。

事業部組織は、組織が生み出すアウトプットに焦点を当てた組織形態で、製品、市場、顧客、地理的立地などを基準に決まります。この組織形態では分権化によって事業部長レベルでかなりの経営判断を行うことができるため、意思決定が迅速化されます。

また同時に管理職が、早いうちから幅の広い意思決定に参加でき、マネジメント・スキルを効率よく吸収することも可能で、事業部間の競争も活発になります。

さらに、事業部組織は分権化されているため、責任の所在が明確で、問題解決の行動が早くとれるというメリットもあります。

事業部組織の例

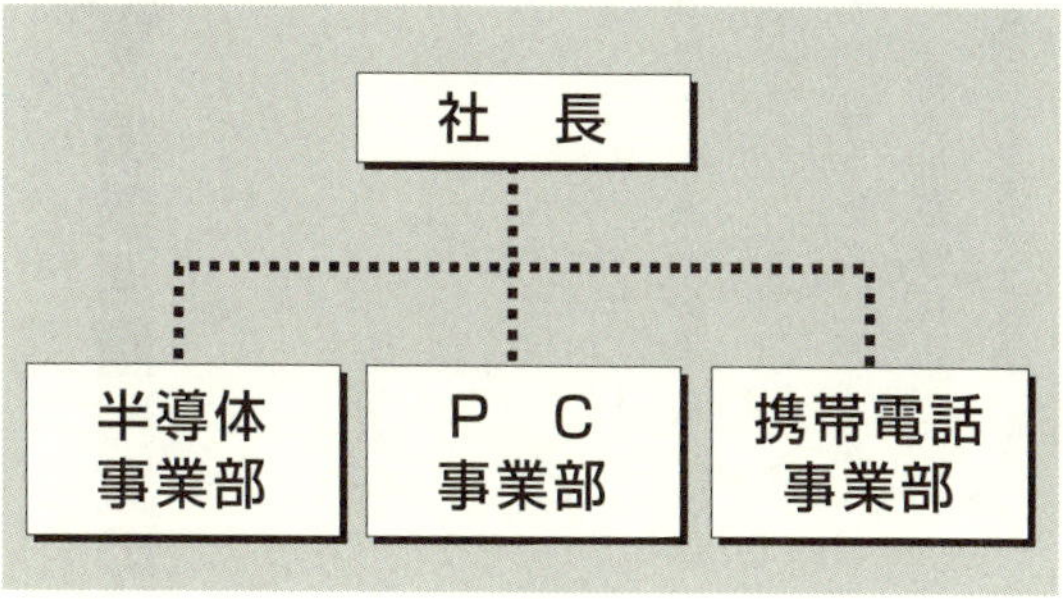

一方、事業部制を採用する際には、次の事項について検討しなければなりません。

①どのような基準で事業をひとまとめにするか（商品別、地域別、顧客別等）。

②各事業部の押す意思決定と全社戦略との整合性をいかに保つか（経営資源の抱え込みや事業部間の協調の欠如などの問題点をどのように解決するか）。

事業部制の問題点としては、⑴各事業部が経営機能を重複して持つため、経営資源面での無駄が生じる、⑵組織の壁により、事業部をまたがる新商品、新サービスが生まれにくくなる、⑶短期の利益志向が強まり、中長期的な施策が打ちにくくなる、といった点が指摘されています。

5-3 事業部制組織のメリット事例

前述のように、事業部制のメリットとしては、組織区分として製品別、地域別という独自性の強い自己完結型であること、つまり生産、市場をもって部門化して組織単位にできることが挙げられます。つまり、一つの事業部の中で、業務プロセスが自己完結しているのです。また、経営単位として自ら利益を生み出すプロフィットセンターになっており、事業部制は企業内にある企業という形で、「動機づけ」を生み出す要因であるといわれています。それは、管理者にとっては、自己の製品等について利益責任を実現するための包括的な裁量権があることから、自主性が生まれてくるのです。

この事業部制を採用している企業とは、食品、自動車、電機など、多くの製品を抱えている規模の大きな企業であることが特徴です。最大手の多角化を推進している企業では、事業部の数が多くなってきたため、事業グループ制を取り入れているところが多くありま

事業部制組織のメリット事例

メリット

- 製品別・地域別など自己完結型
- ↓
- 一事業部内で業務プロセスが自己完結
- ↓
- プロフィットセンターとして利益責任追求が可能

特徴

- 食品、自動車、電機など多くの製品を抱えている大企業内多角化を推進している成長企業

す。例えば、オーディオ&ヴィジュアル事業部というのには、音、映像など入り口から出口までの製品をひとまとめにして類似事業部を集合させたりします。

グループ制を取り入れることで、事業戦略上これまでの事業部での取引が、独立企業間での取引と同様に交渉できる点と部品の外部購入などコストの面で大きなメリットになっています。

5-4 事業部制と事業本部制

事業部制組織の持つメリットのほかにも、デメリットについても簡単に述べました。

例えば、大幅な権限が各事業部に分権されているため、本部からの方針等に対しての忠誠度が下がり、本部としても事業部の具体的状況や行動に対して目が行き届かないことがあります。また期間的な利益責任が要求されるため、短期的な業績を上げることに専念しがちで、長期的視点からの判断が乏しくなりやすいこともあります。さらに、人事交流があまり行われることがないため、事業部内での異動が多く硬直化を生みやすくなります。各事業部で独立採算制に対応した組織化が行われるため、各事業部で同じような職能が作られることになり、組織全体としては重複するものが出てきて効率が悪いということもいえます。

これらを緩和する対応策として分権化が進む事業部制組織に対して、「事業本部制」とい

事業部制と事業本部制

デメリット	①権限が各事業部に分権されているため本部からの方針に対する忠誠心が低下
	②利益責任が追求されるため短期的な業績に集中しがち
	③人事交流が乏しくなり組織全体の硬直化が進む
	④各事業部で人事など同じ機能を持つため、重複するため経営的に非効率

↓

対策	事業本部制	
	●複数の事業部の統括に加え、事業に関連するR&Dを事業本部に置くなど事業部門での競争や重複、R&Dの投資重複を避ける	●ROIとは別に組織全体から見た管轄事業部間の分業調整を実施（集権的なコントロールにより不必要な事業部間競争を避ける）

う組織の導入が挙げられます。この事業本部は複数の事業部を統括するだけではなく、事業に関連の深いR&D（研究・開発）を事業本部下に置くことにより、事業部間での顧客の取り合いや新製品の重複、奪い合い、R&Dの投資重複を回避することができるようになります。事業本部長は、ROI（投資利益率）基準とは別に、組織全体の観点から、管轄事業部間の分業調整を行います。それにより、事業本部下にある事業部は、ROIの基準だけで運営されていたときよりも、集権的にコントロールされることになります。このような集権的なコントロールによって、本部下にある事業部間の不必要な競争は避けられることになるといわれています。

5-5 事業部制組織と分権化組織

事業部制のメリットを振り返ると、予算配分をめぐる事業部間での競争促進を挙げることができます。すなわちROI基準に応じてトップマネジメントは、各事業部に予算を配分していくため、必然的に事業部間での予算の獲得をめぐる競争原理が働き採算性の高い事業を各事業部は計画するようになります。

また、分権化が進んだ事業部制組織では、継続的に業績を上げている事業部を分社化し、その株式を公開することもできます。あるいは、新規市場に参入するために別会社を傘下に加えることも、また業績の思わしくない事業部を売却することも容易になります。

分権化の進んだ事業部制組織では、各事業部の独立性が高まることによって、本社としてはあたかも信託銀行のように金融面から事業部をコントロールするようになります。その進化した形態がいわゆる「持ち株会社」というものです。これらの金融機関的な特徴を

分権化の進んだ事業部制組織の事例

1. 継続的に業績を挙げている事業部を分社化し株式を公開
2. 新規市場への参入のために別会社を傘下に加える
3. 業績の思わしくない事業部を売却

↓

この要素が進むと「持ち株会社」化へ

強く出していると、ROIにこだわるようになり、長期的な視野に立った展開ができなくなるデメリットがあります。将来のビジョンよりも目先の利益を優先するようになるということです。このような傾向は、事業部への権限委譲が進み、事業部数が増加することによってますます顕著に見られるようになるようです。また、分権化が進んだ事業部制組織のデメリットとして各事業部の独立性が高まるにつれ、事業部間組織の繋がりやコミュニケーションがとりづらくなる傾向があるようです。例えばある事業部で開発されたR&Dの成果を、他の事業部が利用したくてもできないということが実際に発生するなどです。

5-6 カンパニー制（Company System）

企業組織の新しい考え方として、事業本部制を改革する際に提唱されたのがカンパニー制といえます。事業部制を独立会社ととらえた「疑似会社制」で、事業部制と比べると独立性が高く事業成果が明確で、責任も重い高度の社内分化制度です。疑似資本金が配賦され一定の基準で損益計算書、貸借対照表を作り、会計上、完全に独立した事業体として管理します。カンパニー制は事業規模や経営の独立性は従来の事業部より大きく設定されているため、意思決定と実施のスピード化が図れ、組織の活性化と事業の「利益」を意識した経営を目指すことができます。

本社側にとっても経営システムの簡素化、将来の経営トップの育成、経営資源の効率的な配分などのメリットが期待できます。また、事業損益を明確化して事業の売却やM&Aなどによる事業構造の変革をもたらすことが可能になるなど、戦略的にカンパニー制を敷

カンパニー制

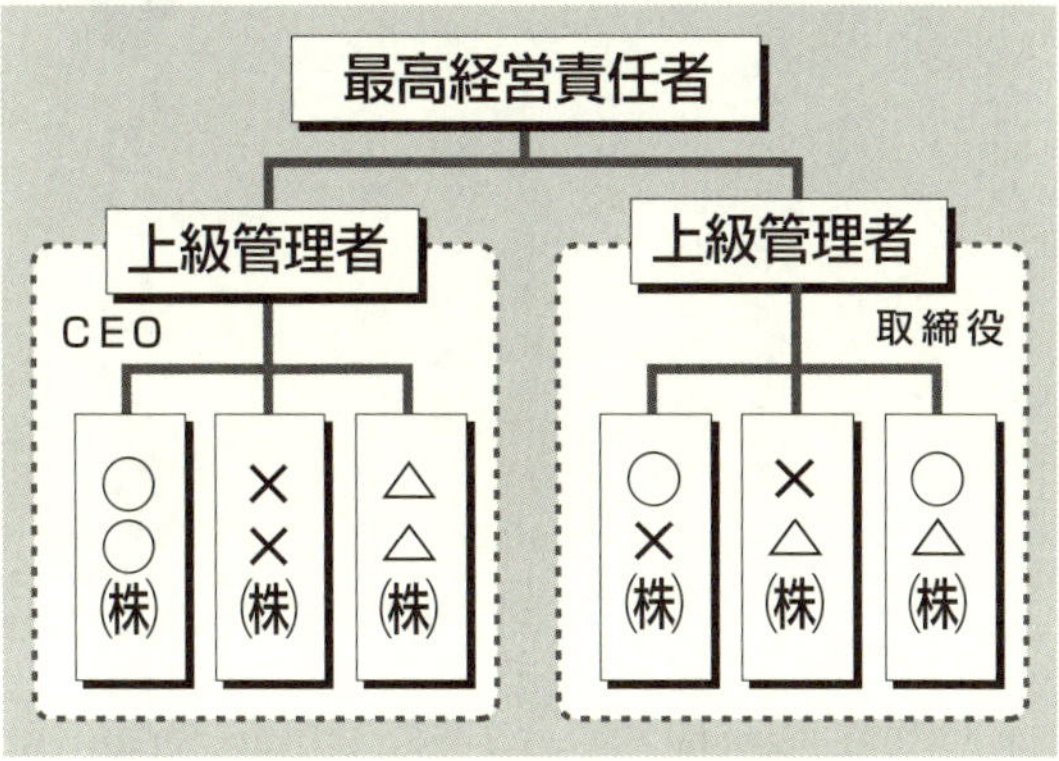

く会社も増えています。

なお、このカンパニー制をさらに進めるために活用される制度として、トラッキング・ストック(事業部門株)があります。企業統合・再編の手段として活用されるこのトラッキング・ストックは特定部門や子会社の業績と連動する株式のことをいいます。メリットは、埋もれていた子会社の価値を顕在化させることにあります。二〇〇二年現在、米国では四〇程度の事例があるこの制度も日本ではまだ一例しか報告されておらず、その真価が問われています。

5-7 カンパニー制導入事例

カンパニー制組織は一九九四年にソニーが導入した組織体制でもあります。ソニーは、一九八三年に採用した事業部制組織が細分化されすぎ、市場動向の把握ができずに、商品開発力の弱体化を招く状況にありました。それを回避するために、市場別に事業単位をいくつかの「カンパニー」に再編しました。このカンパニー制は事業部制組織と同様に、集権と分権の間でゆれているものです。分権化による組織の垣根の顕在化とそれを回避するための集権化、また、集権化による意思決定の遅延とそれに対応するための分権化、この二つの異なるベクトルの間で事業部制組織のデザインが決まってきます。

スピードと効率経営を目指すある大手光学メーカーは、近年急速に変貌を遂げるネットワーク社会において顧客ニーズにスピーディーに対応できるように、事業部門の再編による社内カンパニー制を導入しています。本社、研究開発部門を「コーポレート・センター」

社内カンパニー制事例

事業部制組織が細分化されすぎて市場動向の把握ができない

↓

商品開発力の弱体化を招く

対策

市場別に事業単位をカンパニーへ再編

「研究開発センター」の二つのセンターに、そして従来の五つの事業部を顧客視点で市場セグメントされた「映像システムカンパニー」「医療システムカンパニー」「産業システムカンパニー」の三つのカンパニーに再編しています。それぞれのカンパニーは、既存事業から継続的な収益を上げると同時に市場ニーズに着眼してシナジー効果を高めることによる新規事業創成を目指し、スピードと効率を追求した自主自立経営を強化しているのです。

5-8 マトリックス組織

機能別組織、製品別組織など、異なる組織形態の利点を同時に達成しようとする組織形態で、複数の組織形態を組み合わせたのがマトリックス組織です。

複数の目的を追求する組織

マトリックス組織は、複数の目標を同時に追求するために考え出された組織形態といえます。機能と製品の二軸からなるマトリックス組織であれば、機能別組織の持つ機能ごとの専門性の向上・蓄積というメリットと、製品別組織の持つ環境適応性・顧客適応性というメリットを同時に達成しようというわけです。

ただ、間接費の増大、二元的命令系統による困難性や、マネジャー間のパワー闘争の激化に代表される、解決の極めて困難な固有の問題が内包されているので、安易にこの構造を採用するとかえって非効率になる危険性もあります。

マトリックス組織

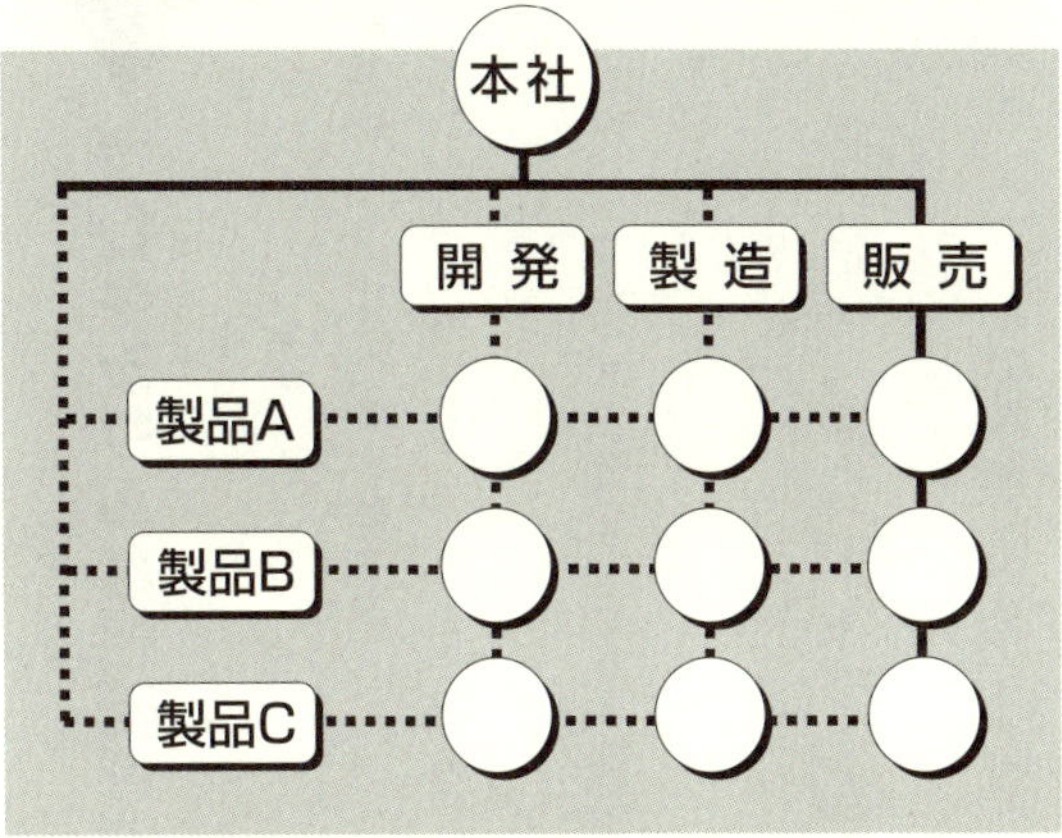

マトリックス組織の応用

しかしながら、この問題点の対処法も多くのケースで実践されています。例えば、現実的には責任・権限が全く同レベルの二人の上司がいるという純粋なマトリックス型組織ではなく、どちらかの上司により大きな責任・権限を与えた組織形態が活用されています。機能別組織をベースとしながらも、製品担当のマネジャーに各機能間のコーディネートをさせる形態や、製品別組織をベースとしながら、機能別の調整役に製品間の調整を行わせる形態がそれにあたります。

5-9 フレキシブルな組織形態

横断的組織 (lateral organization)

マトリックス組織に見られるように通常のタテ割りの権限ライン（職能部門組織・事業部制組織）と交差する形で、ヨコ割りの情報伝達のチャンネルを内蔵する組織形態を横断的組織といいますが、完全なマトリックス構造ではなく、マトリックスの文化や行動を促すより時限的なものも実践されています。

①プロジェクト・チーム（Project Team）
②タスク・フォース（Task Force）
③SBU（Strategic Business Unit）

プロジェクト・チームやタスク・フォースは問題発生と同時に編成され、問題解決と同時に解消される一時的組織です。戦略的事業単位（"Strategic Business Unit"：SBU）も、

フレキシブルな組織形態

1. プロジェクト・チーム
(Project Team)

2. タスク・フォース
(Task Force)

3. SBU:戦略的事業単位
(Strategic Business Unit)

既存の事業部門を戦略軸から新たにグループ化したもので、ある個別の重要プロジェクトごとにメンバーが組織横断的に構成され、目的達成とともに消滅する組織です。マトリックス組織と同様部下が二人の上司を持つことからツー・ボス・システム(two boss system)ともいわれますが、二人の上司を持つことは、責任と権限の不明確性を招くことが多く、職務ごとに明確な権限規定を持たせることがこれらの横断的組織形態をスムーズに運営する重要なポイントとなっています。

5-10 ネットワーク組織（Network Organization）

ネットワーク組織とは大きな自立性を持つ組織単位が、相互にゆるやかに連結した、非階層的・自己組織的な組織形態をいいます。ネットワーク組織は自立性、自主性が大きく、組み替えを容易に行うことができるため環境の変化に柔軟に対応することが可能であるといわれています。

ネットワークはこれまでの官僚的組織や市場機構に替わる第三の社会編成原理とされ、現代の産業社会の方向に最も適合した組織の一つともいわれています。ネットワーク型の組織は、インターネットやソフトウェア、人的サービス網が様々な形で結びついた情報通信ネットワークを背景に、インフォメーションテクノロジー（ＩＴ）を駆使した情報の創造開発と交流に目的を置いたゆるやかな提携関係です。この提携関係は、国や業種、企業規模、業務、技術を超えて、企業間、部門間、集団や個人間で構築されることが可能です。

ネットワーク組織

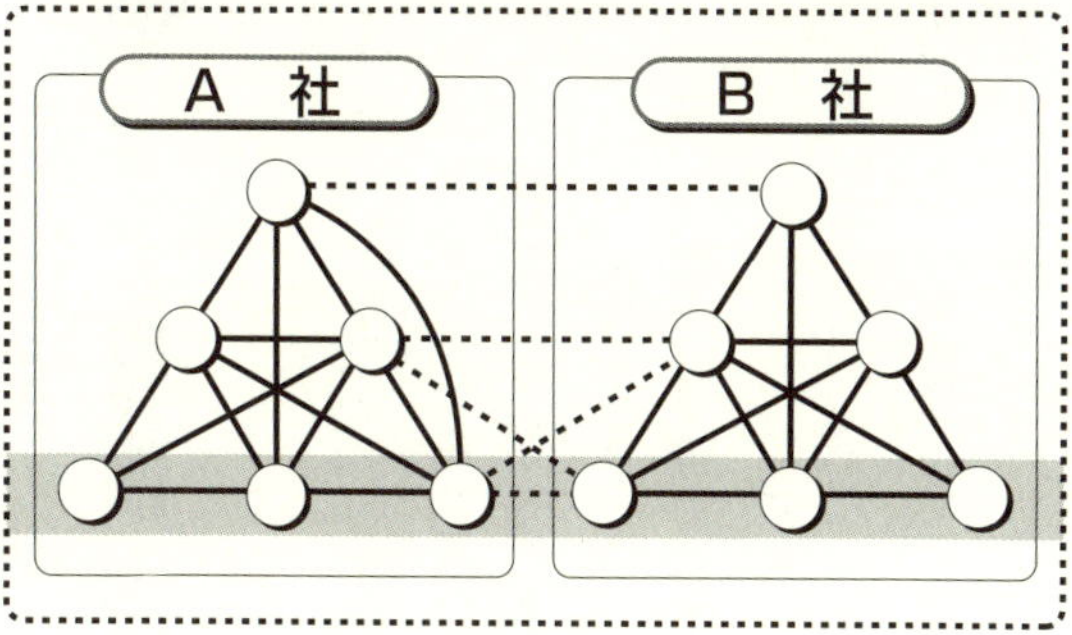

ゆるやかな提携関係の中で異質の情報を結びつけて、意味ある情報を創造開発する場を作り、様々なイノベーションと情報・データベースの活用を通してより異業種、異分野へ壁を乗り越えて参入することを可能にするといわれています。

インターネットを通じたネットワーク型のバーチャル・コーポレーション（ＶＣ）といったコンセプトもできており、時代の要請とともに新たな局面を迎えています。

5-11 チーム型組織（Team - Type Organization）

少数のチームを組織の基本単位に置く組織形態をチーム型組織といいます。チーム型組織は官僚的なピラミッド型組織からの転換としてIT化とともに進展してきたといった背景も見られます。フラット型や横の連携を重視するネットワーク型システムの傾向があり、権限の分権化・情報の現場分散化指向が強いといわれています。

また他部門、異機能担当者の混成チームによって構成されることが多く、管理者はメンバーの能力を引き出し、やる気を高めるコーチ役に徹し、自主・自立的風土が見られます。さらに顧客満足（CS）に加え従業員満足（ES）を重視した組織運営になっています。

具体的なチーム型組織の一つが機能横断チーム（Cross - Functional Team）で、タスク・フォースやSBUと同様、開発・製造・販売・流通・財務など機能の異なる部門のメンバーが一つのチームをなして短期間に新製品の開発などにあたります。もう一つは、自主

チーム型組織

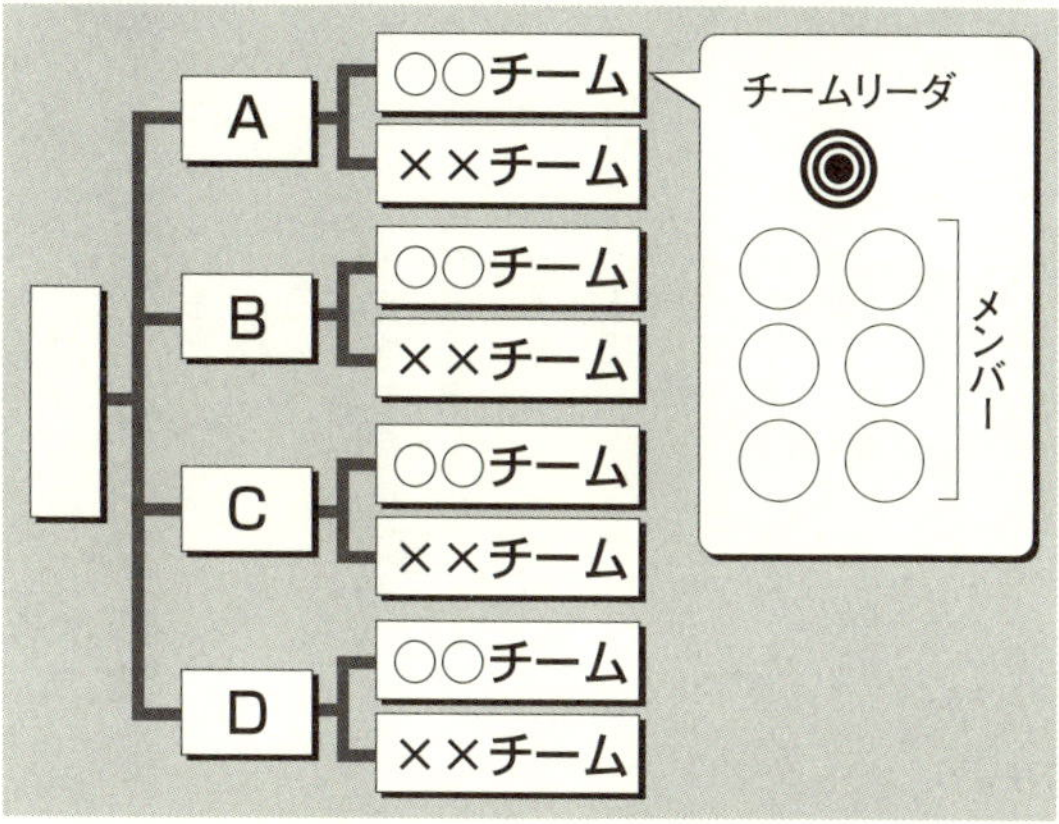

管理チーム（Self - Directed Team）です。権限が極限まで委譲されたチームで現場のチームが工場の操業計画まで決めることができます。日本でもIT化の進展に伴い、ピラミッド型からフラット型、チーム型へ移行しているといわれています。

6. モチベーションとインセンティブ

6-1 モチベーションとは

日々の仕事に対して、興味を持って仕事をしている人や、業績、成果を上げている人もいれば、毎日憂鬱に仕事をしている人、面白く仕事ができない人、成果が上がらず悪循環に陥っている人など様々なタイプがいます。これらを解き明かす手がかりとなるのが、心理学でいう動機（モチベーション）という概念です。

組織における人間の行動は、モチベーションが重要な役割を果たしています。例えば、仕事をするには、やり遂げるために必要な「能力」がなければ達成することはできませんが、さらにそれに伴う、やる気、意欲、モチベーションによって発動される「強い力」がなければ、「業績」や「成果」を実際に上げていくことはできません。高い業績・成果（パフォーマンス）はこの「能力」と「モチベーション」の両変数の相互作用によって生まれてくるものです。モチベーションは、その時々の状況や環境により変わる変動的要因

モチベーション

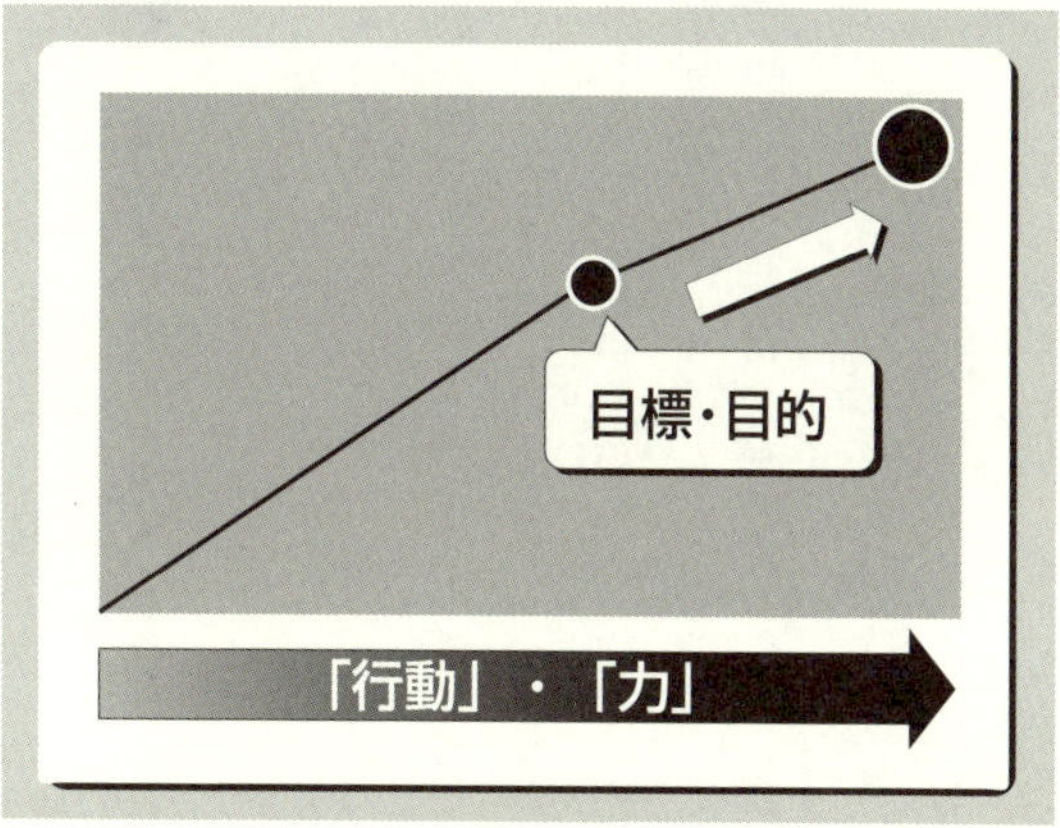

です。高い業績を実現させるためには、安定的なモチベーションを保ち、維持、継続させていくことが重要となります。

やる気、意欲、モチベーションが発動されるためには、「目標」や「目的」といったなんらかの方向を示す（例えば「点」を位置する）ものが必要です。その「点」に向かう（例えば「線」を引いていく）強い「力」または行動のエネルギーは、「期待」と「欲求」により、活性化されます。このエネルギーが向かう対象が「目標」や「目的」になるのです。モチベーションとは、その「目標」や「目的」があるからこそ、達成まで行動を持続していくことのできる、その「源」になるものです。

6-2 モチベーション理論（内容理論――マズロー）

「欲求」「期待」について

人間に限らず生きるものはすべて、自らの生命を維持していくこと、そして、生活していく中で、より快適に過ごしていくことを望みます。生きていく上で、不快・不満足な状態があるとき、それを解消していくための行動として「モチベーション」が強く発動され、具体的な行動を起こすことになります。このような快適な生活、満足のいく状態にしていく行動を喚起する源泉を「欲求」といいます。つまり、モチベーションを起こすための具体的な方向を示したものを「目標」といい、「欲求」は行動を力強く喚起させる「力」ということになるのです。

欲求の種類を分別すると、生命を維持していこうとする「生理的欲求」と社会的地位や名誉といった生命には直接関係のない社会的行動の中から生まれてくる「社会的欲求」が

マズローの欲求階層説

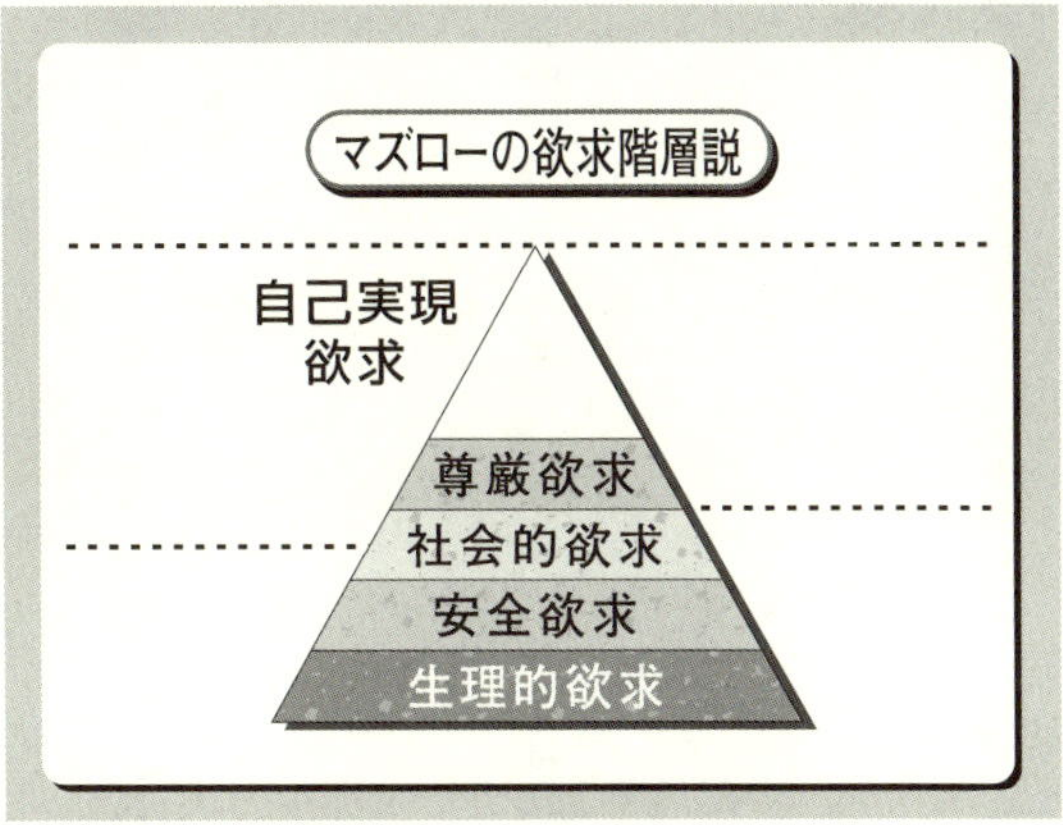

ありります。マズローによると、人間は多種多様な欲求を持っていて、それには階層があるとしています。この欲求階層を「マズローの欲求階層説」として説いています。企業という環境に基づいているのではなく、純粋に人間の心理について分析されたものです。

人間の持つ欲求は五つにグループ化されるだけではなく、段階的に見ていくことができます。最も低次の欲求として、生理的な要求を位置づけ、これよりもより高次の要求に安全性の要求を、さらにこれよりも高次の要求として社会的要求でもある帰属と愛の欲求を位置づけ、最も高次の要求として自己実現の要求を位置づけるものです。

6-3 モチベーション理論（内容理論——ハーツバーグ）

マズローと同様、ハーツバーグもまた、人の行動の動因となる要因について様々な実験をしました。その結果、行動の動因あるいはその行動の阻害要因には二種類のものがあることを説明しています。つまり、人の行動の動機に大きく影響する二種類の要因の本質は「不満」と「満足」である、ということです。

例えば、ある食品メーカーが基準値を上回る農薬を含んだ野菜を提供している場合を想定します。我々消費者は当然不満を募らせ、大きな怒りを覚えるでしょう。しかしながら、この状況を是正し、許可された範囲内の農薬含有量の野菜を提供されたとしても我々は従来よりも満足感を覚えることはありません。それは農薬含有量を許可量に留めるのが当たり前だからです。

一方、味と値段が同じで農薬の含有量も一定量内、しかし逆にビタミン・ミネラルが通

マズローとハーツバーグの動機づけ理論比較

マズロー欲求階層説	ハーツバーグの動機づけー衛生理論
①自己実現欲求	動機づけ要因（満たされると満足）
②尊厳欲求	ビタミン・ミネラルが5倍（栄養がある）
③社会的欲求	動機づけ要因（満たされないと不満）
④安全欲求	農薬含有量が基準値を超える（体に悪い）
⑤生理的欲求	

常の五倍含まれている有機野菜を提供するメーカーのケースではいかがでしょうか。我々消費者にとっては、通常期待する野菜と比べて「より優れた中身の有機野菜」に満足感を覚えるはずです。当然その満足感を得るために様々な百貨店やスーパーを探す人も出てくるでしょう。

前者の条件のことを「衛生要因（環境要因）」といい、後者のことを「動機づけ要因（意欲要因）」といいます。「動機づけ要因」は「行動の動因」になりますが、「衛生要因」は条件を改善しても、充分な「行動の動因」には至りません。逆に、その衛生要因の条件レベルが一定より下がると、逆に行動の阻害要因となってしまいます。

6-4 モチベーション理論の体系

計画と現状の間にかなりのギャップが生じた場合、リーダーはどのようなアクションをとるべきでしょうか。目標を達成するために、日々努力しているメンバーたちに、実現に向けてのサポートをすることも重要なモチベーションを高める要素です。

そこで、組織における仕事へのモチベーション（動機づけ）の問題では、目標や目的に向かって貢献しようとするメンバーたちの意識的な行動の動機づけ、つまり仕事へのやる気、意欲を高めるための管理行動が重要になります。こうした仕事への意欲を高める方法は、広義の意味での「報酬」を提供することになります。この報酬は内的報酬と外的報酬とに分けることができます。前者は仕事の達成感や仕事による自己成長感など、「仕事それ自体がもたらす報酬」であり、後者には給与や昇進、人間関係、組織理念などが挙げられます。

動機づけ理論

❶ 内容理論	動機づけの「内容」を考える
●マズロー（欲求段階説） ●ハーツバーグ（動機づけ——衛生理論）	

❷ 過程理論	動機づけの「プロセス」を考える
●ヴルーム（期待理論…前） ●ポーター&ローラー（期待理論…後） ●アダムス（公平理論）	

動機づけ理論には、行動の結果として得られる成果に対してどのような動因がいかに影響を及ぼしているかという関係に注目する動機づけの内容理論と、人間行動の認知的・合理的側面をより重視し、組織メンバーの行動意欲がどのようにして起こるのかを解明することを目指す動機づけの過程理論があります。

前者にはマズロー（A.H.Maslow）の欲求段階説、ハーツバーグ（F.Herzberg）の動機づけ—衛生理論）らが、後者にはヴルーム（V.H.Vroom）やポーターとローラー（L.W.Porter=E.E.Lawler Ⅲ）の期待理論やアダムス（J.S.Adama）らの公平理論が挙げられます。

6-5 モチベーション理論（過程理論——ヴルーム）

組織文化と、自社の事業形態にあった組織形態だけでは、組織を構成する個人を動かすことはできません。まず組織のゴールと個人のゴールを一致させる必要があります。

前項でも述べたように、モチベーション理論は、「動機づけの内容」について考える内容理論と、「動機づけのプロセス」を重視する過程理論とに分けられます。内容理論として有名なのが、マズローの欲求段階説ですが、一方、なぜ欲求が生まれ、どのようなプロセスで行動するのかを説明するのがモチベーションの過程理論であり、ヴルーム等による期待理論が代表的です。

ヴルーム（Vroom,V.H.,1964）は仕事へのモチベーションを発動する要因として、「期待」「誘意性（valence）」「道具性（instrumentality）」の三つを考えました。「期待」とは、特定の行為が特定の結果をもたらし、努力で良い結果が得られる見込みのことです。「誘意性」

ヴルームの過程理論

$$F = E \times \Sigma (I \times V)$$

F＝行為への力　E＝期待

I＝道具性　V＝誘意性

（I×V）はその総和（Σ）で表される

とは目標とする対象の持つ魅力の度合いを意味します。最後に「道具性」とは良い結果を出すことが、周囲から認知される手段であることをいいます。この可能性が高い場合は、道具性は高いということになります。ある対象の誘意性はその対象の持つ道具性の程度によって決まるといわれています。ヴルームはある行為へのモチベーションの強さを三つの要因の積としてF＝E×Σ（I×V）〔F：行為への力、E：期待、I：道具性、V：誘意性、（I×V）はその総和（Σ）〕で表されるとしています。

6-6 モチベーション理論（過程理論――ポーター&ローラー）

マズローなど、「動機づけの内容」について考える内容理論に対し、「動機づけのプロセス」を重視し、なぜ欲求が生まれ、どのようなプロセスで行動するのかを説明したのがヴルームでした。しかしながら、結果がどのようにして誘意性を獲得するに至るのか、そのメカニズムが説明されていない点と、それが努力して得られる結果であるのか、何らかの結果につながると期待される行為であるのか、必ずしも明確ではないという指摘があり、それらについて、新しいモデルを考えたポーターとローラーによって修正されました。

ポーター&ローラーによる期待理論

期待理論では「モチベーション＝期待（可能性）×誘意性（欲求の強さ）」という公式で示されます。例えば、ハーバードでＭＢＡを取りたい、といった強い欲求があった（誘意性は高い）としても、アタックしても絶対ダメだと思い込んでいれば期待（可能性）はゼロ

期待理論（ポーター&ローラー）

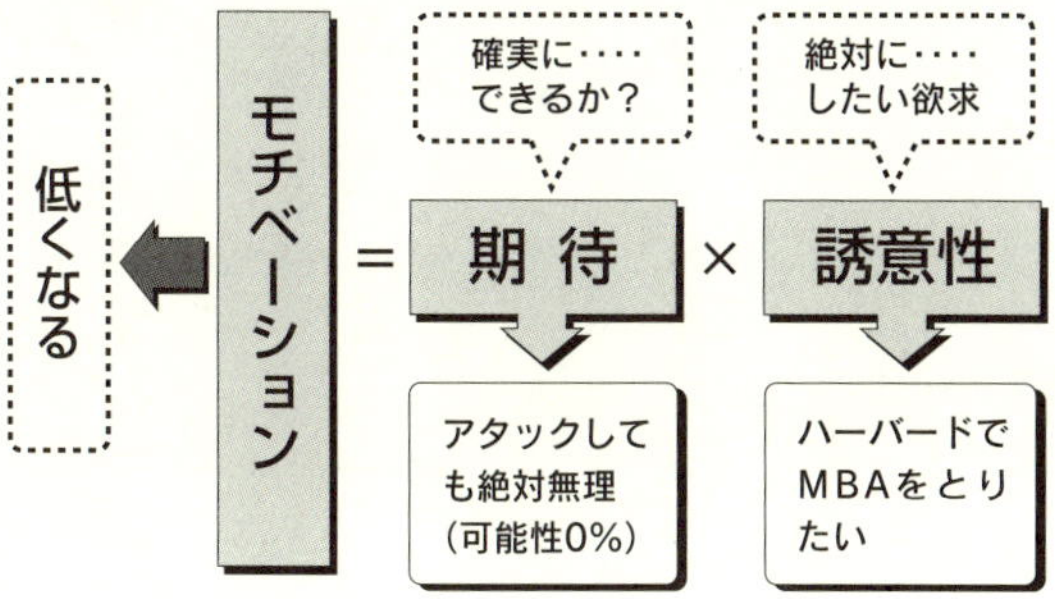

なので、そのような行動はとらないでしょう。また、ほぼ確実にハーバードのロースクールの入学許可書がもらえる（期待は高い）ことがわかっていても、希望している対象でなければ誘意性が非常に小さいので、実際に受験するモチベーションは湧かないでしょう。

実際の企業内では、会社は役割、昇進、休暇、友人、自己実現など従業員が高い誘意性を感じているものと、役割遂行能力を結びつけることによって、やる気を喚起させています。

6-7 モチベーション向上と「質」・「サービス」向上の善循環

前述のように「目標」に向かった「欲求」「期待」に基づく行動の力によって、モチベーション（やる気、意欲）が喚起されますが、「やる気」が高まれば、仕事における「質」や「サービス」が高まり、それが効果「好循環」につながることとなります。

モチベーション「やる気」が高まれば、「質」や「サービス」が高まり、その効果として、職務の「生産性向上」と「効率化」につながり、組織全体の業績（パフォーマンス）につながってくるのです。これは最終的には「社員（従業員）満足」や「顧客満足」につながるといわれます。顧客満足を高めることにより、また、さらなる「やる気」向上という「好循環のサイクル」ができあがります。あらためていうまでもなく、やる気が低ければ、職務の「質」「サービス」は高まらず、生産性も落ちて、効率も上がりません。組織全体の業績（パフォーマンス）の低下は、顧客満足度にも影響してきます。つまり全体としての

モチベーションの善循環サイクル

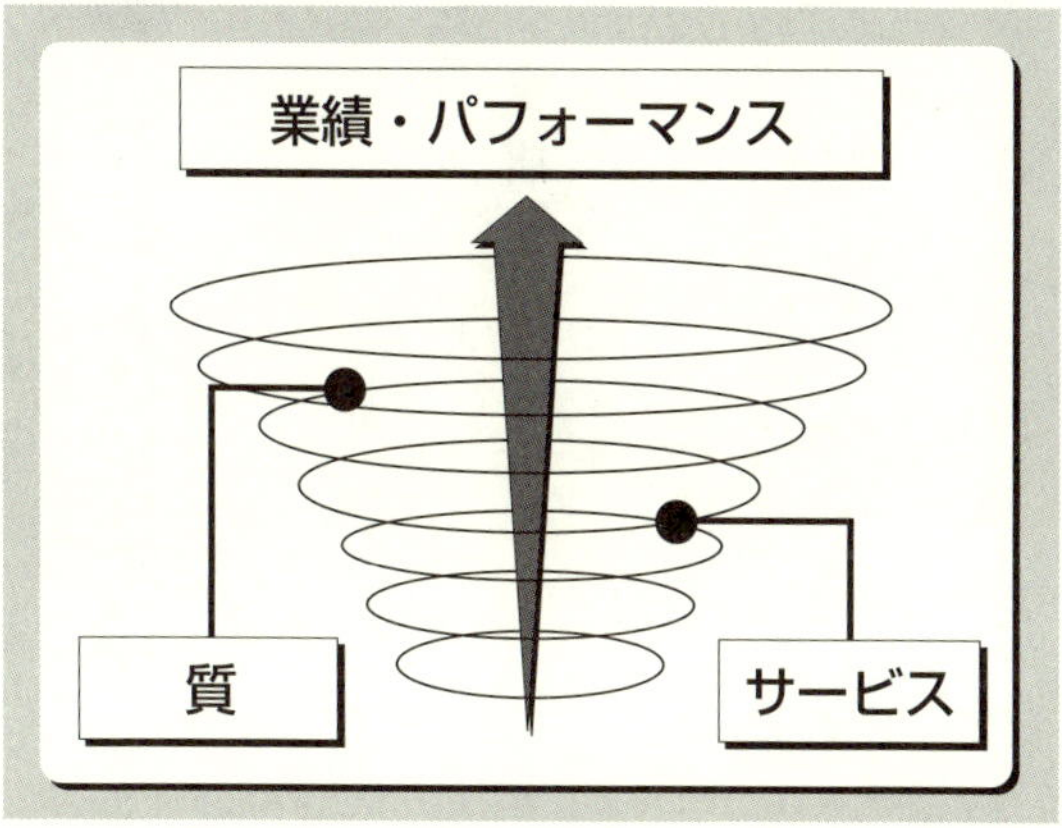

業績（パフォーマンス）の向上を実現するためには、個々における「モチベーション」が高まらなければ、全体の業績向上もありえないということです。個々のモチベーションが高まれば、仕事における「質」や「サービス」が向上し、結果的に組織全体の業績・成果（パフォーマンス）につながり、顧客満足、顧客ロイヤルティを高めていくことが可能になります。

一方、同じ職場の「顧客」（上司、部下、隣の部署等）を満足させるということも、組織全体の「質」「サービス」を向上させ、結果的には顧客に対するサービスを高めることにもつながるため、顧客のロイヤルティを高めていくことになるのです。

6-8 「個」と組織活性化

従業員の能力の二〇％から九〇％は動機づけにより左右されているといわれています。人的資源を有効に活用するには、従業員の持っている能力を大いに発揮できる状況を作ることと、可能性のある能力を開発することが必要であり、そのための組織におけるマネジメントがＨＲＭ（人的資源管理）といえます。これにより、個を活かすことこそが組織を活性化することになるのです。

組織は経営環境に適応しながら諸活動を行います。その基本となるのが経営理念であり、その中に「個の活用」「個の尊重」の考え方が明確に折り込まれていることが大切です。

ある製薬企業では「人の健康のために役立つ企業」を掲げています。社員一人一人が仕事に誇りを持っているのは、仕事をする目的は、患者さんのため、薬を必要としているお客様のためということが一番先にきていることからで、社会的意義や誇りを持って活き活

「個」と組織活性化

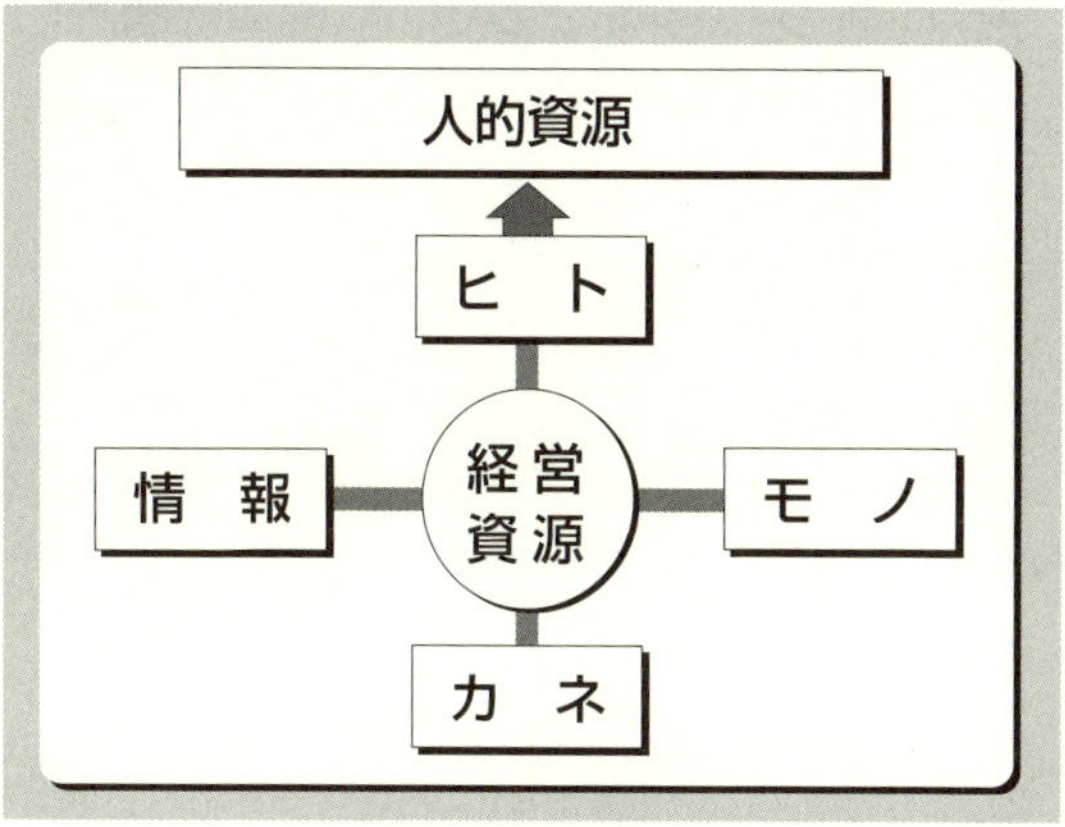

きと仕事をしているのです。経営理念の中に人間観が明確に示されている企業は、全社的に共通する価値観が存在し、従業員が会社に誇りを持っているのです。

このような、人間観が経営理念に明確に示されている企業は、経営環境の変化に対する感受性、先見性、経営への取り組み方等に違いが出てきます。ですから「個」を大切にする概念を取り入れていくことが、ＨＲＭにおいても重要な要素であるといえます。

6-9 インセンティブとは

例えば同じ組織文化の下でも、個々人の働きや組織への貢献度は異なりますが、同じメンバーでもインセンティブの違いにより、モチベーションの高さも異なってきます。インセンティブとは、人や組織に特定の行動を促す動機づけの機能のことです。インセンティブは、通常の給与・賞与以外に、社員の業績に応じて与える報酬等、価値観の共有、昇進などの評価等、短期・長期、または金銭的・非金銭的インセンティブなどがあります。

金銭的インセンティブ制度には、短期のものと長期のものがあります。従来は、歩合や、報奨金、業績反映型賞与（ボーナス）制度、決算賞与制度など、比較的短期間の成績に対して支払われるものが主流となっていましたが、最近では、従来より存在する退職金や企業年金に加え、ストック・オプション制度など、有効的な長期インセンティブ制度が再認識されつつあります。

金銭的インセンティブの例

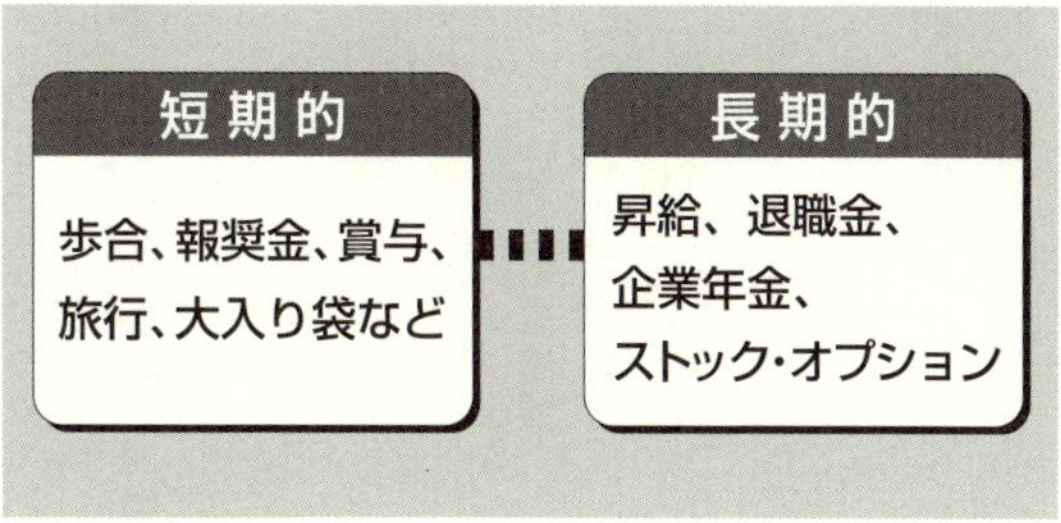

一方、導入時に重要なことは、企業の目指す方向と一致しているかどうかを確認することです。例えば、取引先のルートセールス担当に対し、短期的な業績を基準とするインセンティブだけを与えることは、目先の売上獲得を促してしまうおそれがあります。また、個人に大きく片寄ったインセンティブは、他の従業員とのチームワークが必要な業務においては激しい社内競争を生み、組織を分断させることにもつながりかねません。個人のインセンティブと組織のインセンティブといった二つのバランスを考え、企業の事業形態及び中長期的な利益、そしてそれと社員の行動とをマッチさせることが必要となります。

6-10 インセンティブの体系

前述のとおり、インセンティブは達成欲求を引き起こす源泉になるものです。つまり個人が持っている欲求の刺激が、組織の目標や目的に向かって引き起こされる行動を起こす源になっているといえます。

インセンティブは組織が与えるものであり、欲求とは個人が持っているものです。つまり「人はどんな欲求を持ち、組織に何を求めているのか」を認識し、それに対して「組織はどんなインセンティブを個人に与えることができるのか」ということを考える必要があります。組織が与えられるインセンティブは大きく次のように分けられます。

①**物質的インセンティブ**：金銭的報酬を含めた物質的欲求に対するインセンティブ
②**評価的インセンティブ**：仕事に対する評価、仕事の成果、あるいは仕事とはあまり直接的に関係がない貢献に対しての評価、上司や仲間うちからの評価

インセンティブと欲求

物質的インセンティブ	生理的欲求、安全欲求
評価的インセンティブ	尊厳欲求、自己実現欲求
人的インセンティブ	愛情欲求
理念的インセンティブ	尊厳欲求、自己実現欲求
自己実現的インセンティブ	自己実現欲求

出所:伊丹敬之・加護野忠男著『ゼミナール経営学入門』日本経済新聞社、1993年

③**人的インセンティブ**:人格、人間的魅力にひかれて「あの人のために頑張る」といったリーダーの牽引力

④**理念的インセンティブ**:理念や思想、価値観に共鳴して人を動かすもの

⑤**自己実現的インセンティブ**:仕事そのものが面白い、楽しい、といった自分自身で満足が得られる状況を組織がつくるもの

この五つのインセンティブは次の五つの欲求と結びつけることができます。

①生理的欲求　②自己実現、尊厳欲求　③愛情欲求　④尊厳欲求、自己実現　⑤自己実現欲求

6-11 業績連動型インセンティブ例　ストック・オプション

前述のとおり、長期インセンティブ制度には従来型の企業年金や退職金などが存在しますが、特に最近導入が進んでいる制度としてストック・オプション制度が挙げられます。

ストック・オプションは業績連動型報酬の一つで、会社の役員・従業員が一定の期間（権利行使期間）にあらかじめ定められた価格（権利行使価格）で所定の数の株式を会社から買い取ることのできる権利です。「ストック（"Stock"）」とは株式であり、「オプション（"Option"）」はあらかじめ決めておいた値段で買い、または売る権利をいいます。つまり、ストック・オプションが付与されれば、時価ではなく、あらかじめ決めておいた価格（権利行使価格）で株式を買える権利を有することになります。

例えば、株価が現在五万円の会社において、一株五万円で株式を買う権利を付与されたとします。現在五万円の株を株価が一〇万円になったときに権利を行使すると、時価より

業績連動型インセンティブ事例

	株価の推移	権利行使する場合
ストック・オプション付与時	¥50,000	―
（株価上昇）	¥100,000	¥50,000の得
（株価上昇）	¥250,000	¥200,000の得
（株価下落）	¥30,000	¥20,000の損

も五万円安く（半額で）この株式を取得できることになります。仮にこの株式がその後二五万円になると、売却時には一株につき二〇万円の利益を上げることができます。この売買益が「キャピタルゲイン」です。

逆に、たとえ株価が三万円に下落したとしても、権利を行使する必要がない（オプションは権利であり義務ではない）ため、特別なデメリットはありません。

一方、企業業績が必ずしも株価に反映されるものではないことなど、このストック・オプション制度のみをもって成果配分とするには限界があることもたしかであり、既存のインセンティブ制度を組み合わせた、バランスを持った仕組み作りが必要です。

7. リーダーシップとパワー

7-1 リーダシップとは

モチベーションとインセンティブでは、いかに組織と個人の方向性を合わせ、個の集まりである組織の力を最大化させるか、といったことについて考えてきました。実際にこれらの指針を作り企業を率いていくのがリーダの役割であり、それにはリーダーシップという重要なファクターが必要となります。

リーダーに必要なリーダーシップとは、社員に与えられた権限の有無にかかわらず、ある目的を達成するための行動を引き出す能力のことをいいます。つまり、形式的な権限だけではなく、情報・知識、必要な諸資源を集められるインフォーマルなネットワーク及び対人関係の構築力の強さ等が求められるのです。

一方、唯一最適なリーダーシップ・スタイルというものは存在しません。状況に応じて、望ましいリーダーシップのスタイルは異なる、ということです。つまり、リーダーシップ

GEが求めるリーダーの条件

- リーダーとしての明確なビジョンを持つ
- 情熱を持ち、結果を出す
- 部下をリーダーとして育成する
- 常に変革する
- スピードをもって業務に取り組む
- チームワークを大事にする
- 企業倫理を遵守する
- 高い品質を追求する

について組織内で考える際、重要なのは、リーダーたる人物には何が必要か、というリーダー個人の普遍的なスキルや資質だけでなく、組織や他メンバー構成を検討し、組織全体の中の「リーダーシップ」として考える必要がある、ということです。

世界的な優良企業であるゼネラル・エレクトリック社（GE）は、リーダー育成プログラムの中でGEが求めるリーダーの条件を明確に定義しており、それは日常の仕事において望まれるマネジメント・スタイルから導かれています。

7-2 リーダーシップの形態

リーダーシップとは、その部署や部下の目標を達成させるために、影響を与えることだといわれています。そのリーダーの役割として二つの重要なことが挙げられます。一つは、部下に目標を与えて、仕事を割り振り、仕事に必要な情報を与えたりという仕事における役割です。

もう一つは、職場における人間関係等の整備です。人間関係を中心とした行動をとっている管理者は、仕事を中心とした管理者よりも、部下からの苦情は少ないという研究結果も出ています。人間関係を中心とした行動をとる管理者の下では、仕事中心の行動が高くても苦情はそれほど増えていないのです。ここからいえることは、部下の苦情や不満は、管理者の仕事中心の行動から生まれるのではなく、人間関係中心の行動不足から生まれることがわかります。この人間関係中心の行動が不足していると、部下からは強い不満等が

リーダーシップの形態

ホワイトとリピット

「専制型」「民主型」「自由放任型」の3つに分ける

↓

民主型が望ましい

リカート(Likert,R.)

①「人間関係中心(従業員中心)型」と「仕事中心型」

②「寛大な監督方式」と「厳格な監督方式」

↓

人間関係中心型、寛大な監督方式が望ましい

生じてくるのです。

リーダーシップは様々に定義されていますが、よく知られているのがホワイトとリピット（一九六〇）が示している「専制型」「民主型」「自由放任型」という三タイプに分類したタイプです。

これは民主型がのぞましいリーダーシップスタイルであるとし、リカート（Likert,R.）は先に述べた人間関係中心（従業員中心）型と仕事中心型、寛大な監督方式と厳格な監督方式に分け、従業員中心型と寛大な監督方式のほうが、部下の支持が得られるということになるといっています。

7-3 リーダーシップ特性論アプローチ

リーダーシップは、集団や組織の目的達成に向けて、他の人々に影響力を行使することを意味しています。例えば集団や組織を構成するリーダーシップがうまく発揮されないと、集団や組織全体としての目的の達成や、高い成果の実現は困難とされています。

これが企業においては、管理職としての職位にある人は、リーダーシップを発揮することを期待されているということになります。シンボリックマネジャーという象徴的管理者（英雄）が、組織をひっぱる原動力になっていたりしています。

これらのリーダーシップの研究は、「特性論アプローチ」「行動論アプローチ」「状況論アプローチ」に分けることができます。

特性論アプローチは優れたリーダーは一般の人々とは異なる優れた個人的特性を持っているという考えと、リーダーシップの有効性はリーダーの個人的特性によって規定される、

リーダーシップ特性論アプローチ

優れたリーダー仮説	リーダーシップの特性
①一般の人々とは異なる優れた個人的特性を持っている	①知性（学識、判断力、創造性）
②リーダーシップの有効性はリーダーの個人的特性によって規定される	②行動力（判断力、協調性、社交性、適応力、達成志向、根気、忍耐力）
	③信頼感（自信、責任感、地位）

欠点	特性論アプローチでは、優れたリーダーに求められる個人的特性を特定化することはできない（優れたリーダーに求められる特性や資質は、集団、組織のタイプや状況によっても異なるから）

という仮説に基づいています。一九三〇年から一九四〇年にかけて、多く研究が行われてきました。それによると優れたリーダーの持つ特性とは①知性（学識、判断力、創造性）②行動力（判断力、協調性、社交性、適応力、達成志向、根気、忍耐力）③信頼感（自信、責任感、地位）とされています。しかし、特性論アプローチでは、優れたリーダーに求められる個人的特性を特定化することはできなかったといわれています。それは、優れたリーダーに求められる特性や資質は、集団、組織のタイプや状況によっても異なるからです。こうして、リーダーの個人的特性からリーダーの行動パターン（スタイル）に移っていきました。

7-4 リーダーシップ行動論アプローチ

優れたリーダーシップを発揮するリーダーと、そうでないリーダーとでは、行動のパターンに違いがあるのではないかという仮説の基に、行動パターンを明らかにする研究が存在していますが、代表的なものの一つとしてマネジアルグリッド理論が挙げられます。

リーダーは行動において諸次元を確認する上で、「構造づくり」と「配慮」という二次元が見出されたのです。構造づくりはメンバーに仕事を割り当て、明確な業績水準を示し、規則や手続きに従うことを求めるような行動です。一方「配慮」は部下に関心を示し、意見を聞いたり相談にのったり、部下を支援したりするような行動です。ミシガン大学における研究では、リーダーの行動は「生産志向」と「従業員志向」という次元で分類されていますが、前者は「構造づくり」後者は「配慮」に対応しています。

この研究の結果を基に「生産・課題への関心」と「人間・集団への配慮」の両方を兼ね

リーダーシップ行動論アプローチ

仮　説

優れたリーダーシップを発揮するリーダーと、そうでないリーダーとでは、行動のパターンに違いがある
（参考：マネジアルグリッド理論、PM理論）

「マネジアルグリッド理論」

縦軸に人間に関する関心が、横軸に生産業績への関心がそれぞれ1から9の段階で示され、両方の次元に対する関心が高い「9・9型」が、最も有効なリーダー

「PM理論」

「課題遂行（Performance）」と「集団維持（Maintenance）」の各次元にそれぞれ高低2つを組み合わせた4つのタイプ「pm型」「Pm型」「pM型」「PM型」という組み合わせで、この中の、「PM型」のリーダーのもとであると生産性や満足度が最も高い

備えたリーダーが有効であることを示しています。

マネジアルグリッド理論（ブレーク&ムートン）では縦軸に人間に関する関心が、横軸に生産業績への関心がそれぞれ一から九の段階で示され、両方の次元に対する関心が高い「九・九型」が、最も有効なリーダーとされています。また、「PM理論」（三隅、二不二）では、「課題遂行（Performance）」と「集団維持（Maintenance）」の各次元にそれぞれ高低二つを組み合わせた四つのタイプ「pm型」「Pm型」「pM型」「PM型」という組み合わせになり、この中の、「PM型」のリーダーの下であると生産性や満足度が最も高くなることが実証して明らかにされています。

7-5 リーダーシップ状況論アプローチ

リーダーシップのアプローチには、部下のそれぞれのタイプによって、リーダーシップのスタイルを適応させていく「状況論アプローチ」があります。コンティンジェンシーモデルは、有効な組織管理の在り方は状況によって異なるという考え方に基づかれたものです。このコンティンジェンシーモデルで最もよく知られているのがフィードラー（F.E.Fiedler 一九七〇年）の概念です。

リーダーシップの特性を「一緒に働くのが一番嫌いな人」を意味するLPC（Least Preferred Coworker）の概念を用いて分類しています。リーダーにLPCに該当する人物を評価させて得られるのが、「LPCスコア」といいます。このスコアが高いリーダーは、嫌いな協働者に対しても好意的に評価しているという意味で「人間関係志向」が強く、LPCスコアの低いリーダーは嫌な協働者を否定的に評価し仕事に感情を持ち込まないという

リーダーシップ状況論アプローチ

仮　説
組織構造や技術環境、そして市場環境など様々に状況が変わることにリーダーシップの有効性は変化0

フィードラーのコンティンジェンシーモデル
「一緒に働くのが一番嫌いな人」:LPC(Least Preferred Coworker)の概念

「LPCスコア」が高いリーダー
嫌いな協働者に対しても好意的に評価している「人間関係志向」が強い

「LPCスコア」の低いリーダー
嫌な協働者を否定的に評価し仕事に感情を持ち込まない意味で、仕事の志向性(課題への志向)が強い

意味で、仕事の志向性(課題への志向)が強いとされています。

状況要因としては「リーダー・メンバー間の信頼関係」「仕事の構造化」「リーダーの職位上のパワー」という三つの要因により規定される「状況の好意性」という概念が用いられています。

リーダー・メンバーの関係が良好で仕事が高度に構造化されていて、リーダーの職位上のパワーも強い「状況好意性が非常に高い」状況と、反対に「状況の好意性が非常に低い」状況では「仕事志向」のリーダーが高い成果を上げているが、「状況好意性が中程度」の状況では、「人間関係志向」のリーダーが高い成果を上げていることが明らかになっています。

7-6 コーチング（Coaching）

コーチングとは組織で働く人たちが、必要とする知識やスキルの学習能力を高め育成していく技法のことをいいます。コーチングは、何かを「教える」こととは異なります。つまりコーチングは「ティーチング」ではないのです。コーチングの鉄則は「全ての答えは相手の中にある。コーチの役割はそれを引き出し、目標達成の行動を促すことである」とされています。コーチングは知識ではなく、あくまでもコミュニケーションスキルであり、そのスキルはすべてこの鉄則に集約されます。組織のリーダーは、単なるマネジャーではなく、コーチングによって自律的・主体的人材の育成を担うコーチの役割を求められているのです。

実際には、選抜された一部のエグゼクティブ向けの「エグゼクティブ・コーチング」と、マネジメントスキルの一つとして、全社的に広く日常活用されるコーチングのためのプロ

コーチング

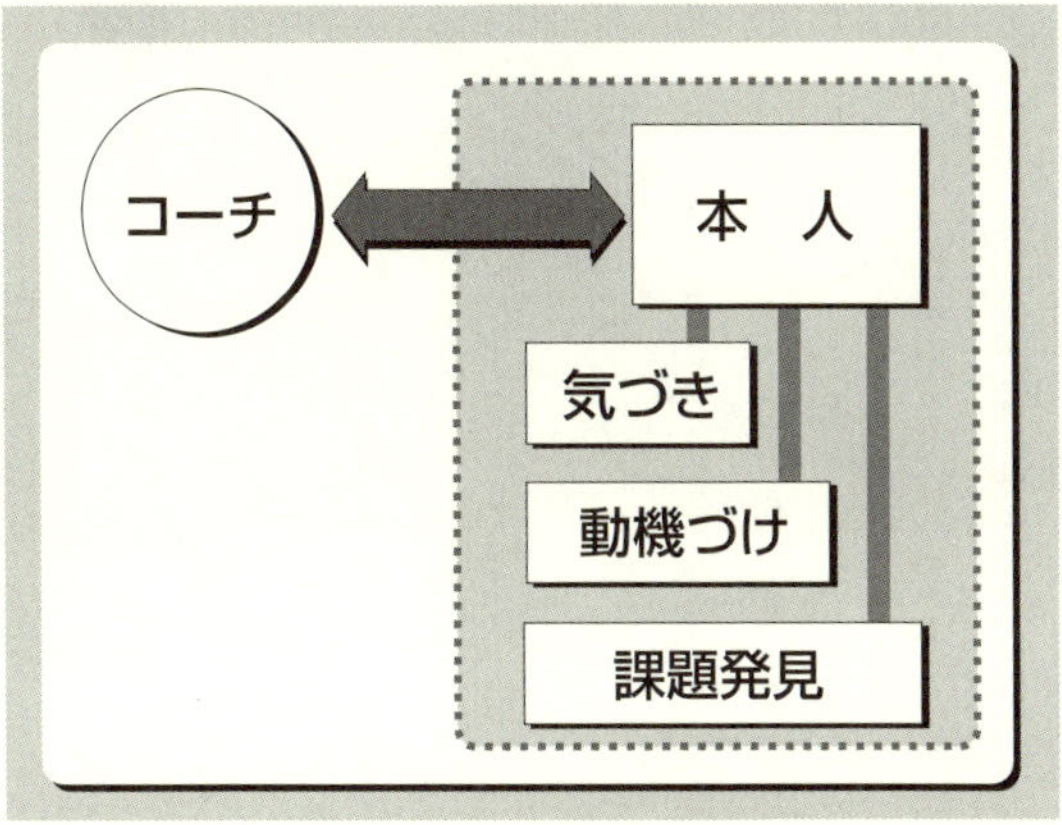

グラムの二つがあります。エグゼクティブ・コーチングは「いま役立つコーチング」と「将来に備えるコーチング」との二つに分けられます。一般向けのコーチングでは、マネジャーは部下の業績向上の有効な手段として、コーチング・スキルの習得が求められているのです。

欧米ではゼネラル・エレクトリック社をはじめとして経営者自身がエグゼクティブ・コーチングを受けているケースが見られます。

7-7 パワー

リーダーはその組織形態にあったリーダーシップの条件の下、組織を引っ張り、そして変革をしていきますが、そのためにはリーダーシップに加え、パワーというものも必要となります。

パワーは、相対的地位からくる権力、知識、報酬を与えることができる能力、恐怖心を与えることができる力、みんなに好かれていること、などが挙げられますが、このパワーは組織内、グループ内に分布しています。ただし、リーダーが全てのパワーを支配しているわけではありません。例えば、リーダーよりメンバーのほうがある業務の専門知識が高ければ、その人にパワーがあることが認識されることになります。

一方、各人が自分の目標を達成するためだけにパワーを用いるようになってしまっては、それは政治行動につながり、組織やグループにとって好ましくないことが起こります。パ

4つのパワー

1 賞罰
年収や出世に影響を及ぼす力を持つ人が他者に権力を行使できるもの

2 正当化
個別の損得勘定でない納得性からくる権力。「社長命令なので当然」など

3 同一化
心理的に一心同体（＝同一化）となることで発生する権力「この人のためだったら残業してもかまわない」など

4 情報
専門的な知識や優れた情報を持っていることを基盤とした権力

ワーがうまくメンバー間に分布されると、いわゆる全員参加型のグループ運営も可能となります。こういったプロセスは、パワーを握っている人間がパワーを分け与える「エンパワーメント」という行為によって達成されます。ただし、全員参加型の運営能力がないメンバーにエンパワーすることは、そのままチームにとってリスクに変わります。

　このようにリーダーシップというのは、単にリーダーをどう育てるか、といった問題ではなく、リーダーの役割、メンバーの役割、その他の環境、全てを考慮する必要性があります。

7-8 パワーマネジメント

リーダーは、目標達成へ向けて、周りのメンバーやそのパワーの使い方、環境などを含めたバランスをどう考え、どう現実的に管理すべきでしょうか。

組織の中では、当然自分の思い描いている目標を自分一人で達成することはできないため、まず組織の中の誰がその実行にとってキーパーソンとなるかを把握します。

個々の人はそれぞれ価値観や考え、目標が異なりますが、自分の目標を達成するためには自分と考えが違う人物を自分の考えのとおりに動かす必要があります。その上で、自分と自分を取り巻くキーパーソンの依存関係、そしてそれぞれが持っているパワーの状況を把握します。

そして、自分の目標を達成するためのパワーはどこからくるか、どうやって自分の持つパワーを大きくするかということについて理解をします。例えば、重要な情報を握ってい

パワーマネジメント

①達成目標を明確化	何を達成したいか
②相互依存関係を明確化	誰がキーパーソンか
③キーパーソンの視点を分析	キーパーソンにとって自分の目標はどう映るか
④キーパーソンのパワーを分析	どのパワー要素が意思決定に重要か
⑤自分の持つパワーを分析	どのようなパワーを開発し利用することで目標を達成できるか
⑥具体的な戦略や戦術を検討	①～⑤に基づき最も望ましい戦略・戦術を決定し、実行

出所：Pfeffer,J.（1992）.Managing with Power：Politics and influence in organizations.Harvard Business School

ることがパワーの増大につながるのならば、まずそういった情報を押さえることが重要となるのは当然のことです。

このように、キーパーソンが持つパワーと自分が持つパワーの比較をした上で、目標を達成するために必要なパワーとはいかなるものか、そしてそれらを増強させるためには何が必要かを考え、パワーを行使する戦略、戦術を開発し、タイミング、コンビネーションなどを熟考した上で、効果的に活用する必要があります。

INDEX（和英対照索引）

ID	キーワード（日本語）	英訳対照	科目
1	1株あたり純利益(EPS)	*Earning Per Share*	Accounting
2	1つのセグメントへの集中	*Single Segment Cocentration*	Marketing
3	3つの基本戦略	*Three Generic Strategies*	Strategy
4	5つの力(ファイブフォース)分析	*Five Forces Analysis*	Strategy
5	7Sモデル(セブンエスモデル)	*Seven S Model*	Strategy
6	KJ法	*KJ method*	Critical Thinking
7	KT法	*KT method*	Critical Thinking
8	MM理論	*Modigliani & Miller Proposition*	Finance
9	NM法	*NM Method*	Critical Thinking
10	Off-JT	*Off the Job Training*	HRM & OB
11	OJT	*On the Job Training*	HRM & OB
12	PM理論	*PM Theory*	HRM & OB
13	POS(商品の販売時点)	*Point Of Sales*	Marketing
14	SWOT分析	*SWOT Analysis*	Strategy
15	X理論、Y理論	*X-theory、Y-theory*	HRM & OB
16	後入先出法(LIFO)	*Last In First Out*	Accounting
17	粗利益	*Gross Profit*	Accounting
18	安全と安定	*Safety & Security*	HRM & OB
19	アンゾフマトリクス	*Ansoff Matrix*	Strategy
20	いくつかのセグメントへの特化	*Selective Specialization*	Marketing
21	インセンティブ	*Incentives*	HRM & OB
22	インベスターズリレーション(IR)	*Investor(s) Relations*	Strategy
23	売上総利益	*Gross Margin*	Accounting
24	受取手形	*Notes Receivable*	Accounting
25	売掛金	*Account Receivable*	Accounting
26	営業利益	*Operating Profit*	Accounting
27	演繹法	*Deductive Method*	Critical Thinking
28	エンパワーメント	*Empowerment*	HRM & OB
29	オフバランス	*Off Balance*	Accounting

30	親会社	*Parent Company*	Accounting
31	買掛金	*Account Payable*	Accounting
32	回帰分析	*Regression Analysis*	Marketing
33	回収期間	*Payback Period*	Finance
34	価格差別化	*Price Discrimination*	Marketing
35	価格戦略	*Pricing Strategy*	Marketing
36	貸し出し審査	*Credit Analysis*	Finance
37	カスタマーリレーションシップマネジメント(CRM)	*Customer Relationship Manegement*	Marketing
38	価値提案	*Value Proposition*	Marketing
39	価値分析(VA)	*Value Analysis*	Finance
40	活動基準管理(ABM)	*Activity Based Management*	Accounting
41	活動基準原価計算(ABC)	*Activity Based Costing*	Accounting
42	活動基準原価計算分析(ABC分析)	*ABC analysis*	Accounting
43	加重平均資本コスト(WACC)	*Weighted_Average Cost of Capital*	Finance
44	合併買収(M&A)	*Merger and Acquisition*	Finance
45	金のなる木(キャッシュカウ)	*Cash Cows*	Strategy
46	株価収益率(PER)	*Price Earning Ratio*	Finance
47	株式公開買付け(TOB)	*Take-Over Bid*	Finance
48	株式持合い	*Cross Shareholding*	Accounting
49	株主資本利益率(ROE)	*Return On Equity*	Accounting
50	感受性訓練(ST)	*Sensitivity Training*	HRM & OB
51	間接法	*Indirect Method*	Accounting
52	完全市場	*Perfect Financial Market*	Finance
53	管理会計	*Managerial Accounting*	Accounting
54	機会	*Opportunities*	Strategy
55	機会コスト(ハードルレート)	*Opportunity Cost (Hurdle Rate)*	Finance
56	帰属意識と愛情	*Belongingness & Love*	HRM & OB
57	期待収益率	*Expected Returns*	Finance
58	期待理論	*Expectancy Theory*	HRM & OB
59	帰納法	*Inductive Method*	Critical Thinking
60	規模の経済	*Economies of Scale*	Marketing

61	キャッシュフロー(CF)	*Cash Flow*	Accounting
62	キャッシュフロー計算書(CFS)	*Cash Flow Statement*	Accounting
63	キャップ・エム(CAPM)	*Capital Asset Pricing Model*	Finance
64	キャリア開発プログラム(CDP)	*Career Development Program*	HRM & OB
65	脅威	*Threats*	Strategy
66	共同ブランド戦略	*Co-brand Strategy*	Marketing
67	経済付加価値™ (EVA™)	*Economic Value Added™*	Finance
68	経常利益	*Recurring Profit*	Accounting
69	限界利益	*Marginal Income*	Accounting
70	減価償却	*Depreciation*	Accounting
71	原価法	*Cost Method*	Accounting
72	現金・預金	*Cash*	Accounting
73	コアコンピタンス	*Core Competence*	Strategy
74	効率的市場	*Efficient Market*	Finance
75	コーポレートアイデンティティ(CI)	*Corporate Identity*	Marketing
76	子会社	*Subsidiary*	Accounting
77	顧客評価	*Customer Valuation*	Marketing
78	顧客満足(CS)	*Customer Satisfaction*	Marketing
79	コストリーダーシップ	*Cost Leadership*	Strategy
80	個別リスク(非システマティックリスク)	*Unique Risk (Unsystematic Risk)*	Finance
81	サービス差別化	*Service Differentiation*	Marketing
82	在庫	*Inventory*	Accounting
83	財務会計	*Financial Accounting*	Accounting
84	財務諸表	*Fiancial Statement*	Accounting
85	先入先出法(FIFO)	*First In First Out*	Accounting
86	サプライチェーンマネジメント(SCM)	*Supply Chain Management*	Strategy
87	差別化戦略	*Differentiation Strategy*	Marketing
88	残留(最終、救済、スクラップ、売却)価値	*Residual (Terminal, Salvage, Scrap, Disposal) value*	Accounting
89	時間価値	*Time Value*	Finance
90	事業多角化戦略	*Unrelated Diversification Strategy*	Strategy
91	シグナリング	*Signaling*	Strategy

92	自己実現	*Self-Actualization*	HRM & OB
93	資産	*Assets*	Accounting
94	自社株買い	*Stock Repurchase*	Accounting
95	収益性分析	*Profitability Analysis*	Accounting
96	市場開発戦略	*Market Development Strategy*	Strategy
97	市場調査	*Marketing Research*	Marketing
98	市場付加価値(MVA)	*Market Value Added*	Finance
99	市場リスク	*Market Risk*	Finance
100	市場リスク(システマティックリスク)	*Market Risk (Systematic Risk)*	Finance
101	支配率	*Contorolling Interest*	Accounting
102	資本	*Equity*	Accounting
103	資本金	*Common Stock*	Accounting
104	資本構成	*Capital Structure*	Finance
105	集中(フォーカス)	*Focus*	Strategy
106	証券化	*Securitization*	Accounting
107	商標	*Trademarks*	Accounting
108	正味現在価値(NPV)	*Net Present Value*	Finance
109	剰余金	*Retained Earning*	Accounting
110	新規参入事業者	*New Entrants*	Strategy
111	新製品開発	*New Product Cycle*	Marketing
112	新製品開発戦略	*New Product Development Strategy*	Strategy
113	人的資源開発(HRD)	*Human Resource Development*	HRM & OB
114	人的資源管理(HRM)	*Human Resource Management*	HRM & OB
115	浸透戦略(既存製品･市場強化戦略)	*Penetration Strategy*	Strategy
116	新ブランド戦略	*New Brand Strategy*	Marketing
117	衰退期	*Decline*	Marketing
118	垂直統合	*Vertical Integration*	Strategy
119	水平統合	*Horizontal Integration*	Strategy
120	スタッフィングプロセス	*Staffing Process*	HRM & OB
121	ステークホルダー	*Stakeholder*	Strategy
122	成熟期	*Maturity*	Marketing

123	成長期	*Growth*	Marketing
124	製品差別化	*Product Differentiation*	Marketing
125	製品特化	*Product Specialization*	Marketing
126	セールスフォースオートメーション(SFA)	*Sales Force Automation*	Marketing
127	セグメンテーション	*Segmentation*	Marketing
128	戦略的事業単位(SBU)	*Strategic Business Unit*	HRM & OB
129	戦略的提携	*Strategic Alliance*	Strategy
130	戦略優位性	*Strategic Advantages*	Strategy
131	総資産利益率(ROA)	*Return On Asset*	Accounting
132	組織開発(OD)	*Organaization Development*	HRM & OB
133	損益計算書(P/L)	*Income (Profit & Loss) Statement*	Accounting
134	損益分岐点分析	*Break Even Analysis*	Accounting
135	尊重	*Esteem*	HRM & OB
136	ターゲティング	*Targeting*	Marketing
137	貸借対照表(B/S)	*Balance Sheet*	Accounting
138	代替品	*Substitute Products*	Strategy
139	ダイレクト・メール広告(DM)	*Direct Mail*	Marketing
140	棚卸資産	*Inventories*	Accounting
141	長期負債	*Long Term Debt*	Accounting
142	直接金融	*Direct Financing*	Finance
143	直接法	*Direct Method*	Accounting
144	著作権	*Copyrights*	Accounting
145	強み	*Strengths*	Strategy
146	定額法	*Straight Line Depreciation*	Accounting
147	定率法	*Accelerated Depreciation*	Accounting
148	当座比率	*Current Ratio*	Accounting
149	投資収益率(ROI)	*Return On Investments*	Accounting
150	導入期	*Introduction*	Marketing
151	特許	*Patents*	Accounting
152	取締役会	*Board of Directors*	HRM & OB
153	内部収益率(IRR)	*Internal Rate of Return*	Finance

154	ナレッジマネジメント	*Knowledge Management*	Strategy
155	人間工学	*Ergonomics*	Critical Thinking
156	暖簾	*Goodwill*	Accounting
157	配当収益率	*Dividend - Yield*	Accounting
158	配当性向	*Dividend - Payout*	Accounting
159	配当政策	*Dividend Policy*	Finance
160	発生主義	*Accrual Accouting*	Accounting
161	花形(スター)	*Star*	Strategy
162	バランススコアカード	*Balanced Scorecard*	Strategy
163	バリューチェーン	*Value Chain*	Strategy
164	範囲の経済性	*Economies of Scope*	Marketing
165	標準偏差	*Standard Deviation*	Finance
166	負債	*Liabilities*	Accounting
167	物理的·肉体的欲求	*Physiological*	HRM & OB
168	ブランドエクイティ	*Brand Equity*	Marketing
169	ブランドエクステンション戦略	*Brand Extension Strategy*	Marketing
170	フリーキャッシュフロー (FCF)	*Free Cash Flow*	Finance
171	フルマーケットカバー	*Full Market Coverage*	Marketing
172	プロダクトポートフォリオ (PPM)	*Product Portfolio Management*	Strategy
173	プロダクトライフサイクル	*Product Life Cycle*	Marketing
174	平均法	*Average Method*	Accounting
175	ベータ(リスク指標β)	*Beta*	Finance
176	法定準備金	*Legal Reserves*	Accounting
177	ポートフォリオ	*Portfolio*	Finance
178	ポジショニング	*Positioning*	Marketing
179	マーケット特化	*Market Specialization*	Marketing
180	マーケティングミックス	*Marketing Mix*	Marketing
181	埋没コスト	*Sunk Cost*	Finance
182	前払い費用	*Prepaid Expenses*	Accounting
183	負け犬(ドッグ)	*Dog*	Strategy
184	マスマーケティング	*Mass Marketing*	Marketing

185	マズローの欲求5段階説	*Maslow's Hierarchy of Needs*	HRM & OB
186	マトリックス組織	*Matrix Organization*	Strategy
187	マネジメントバイアウト(MBO**)	*Management Buy Out*	Finance
188	マルチブランド戦略	*Multi-brand Strategy*	Marketing
189	無形資産	*Intangible Assets*	Accounting
190	目標管理(MBO*)	*Management By Objectives*	HRM & OB
191	持分法	*Equity Method*	Accounting
192	モチベーション	*Motivation*	HRM & OB
193	問題解決	*Problem Solving*	Critical Thinking
194	問題解決リサーチ	*Problem Solving Research*	Marketing
195	問題児(クエスチョン)	*Question*	Strategy
196	問題認識リサーチ	*Problem Identification Research*	Marketing
197	有形資産	*Tangible Assets*	Accounting
198	欲求理論	*Needs Theory*	HRM & OB
199	弱み	*Weaknesses*	Strategy
200	ラインエクステンション戦略	*Line Extension Strategy*	Marketing
201	リスク管理	*Risk Management*	Finance
202	リスクフリーレート	*Risk Free Rate*	Finance
203	流動比率	*Quick Ratio*	Accounting
204	レバレッジド・バイアウト(LBO)	*Leverage Buy Out*	Finance
205	連結財務諸表	*Consolidated Financial Statements*	Accounting
206	ロジックツリー	*Logic Tree*	Critical Thinking
207	割引回収期間	*Discounted Payback Period*	Finance
208	割引キャッシュフロー法(DCF)	*Discounted Cash Flow*	Finance
209	割引率	*Discount Rate*	Finance
210	ワントゥワンマーケティング	*One to One Marketing*	Marketing

■参考文献一覧

B. ウエイナー著、林保、宮本美沙子訳
『ヒューマン・モチベーション一動機づけの心理学』金子書房、1989年
ブライアン・E. ベッカー、マーク・A. フセリド、デーブ・ウルリヒ著、菊田良治訳
『HR スコアカード』日経 BP 社、2002年
D.A. アーカー著、野中郁次郎、北洞忠宏、嶋口充輝、石井淳蔵訳
『戦略市場経営一戦略をどう開発し評価し実行するか』ダイヤモンド社、1986年
G. ハメル、C.K. プラハラード著、一条和生訳
『コア・コンピタンス経営一大競争時代を勝ち抜く戦略』日本経済新聞社、1995年
G. ベネット・スチュワートIII著、日興リサーチセンター、河田剛、長掛良介、須藤亜里訳
『EVA(経済付加価値)創造の経営』東洋経済新報社、1998年
ゲーリー・ベッカー著、佐野陽子訳『人的資本一教育を中心とした理論的・経験的分析』
東洋経済新報社、1976年
Henry Mintzberg,*The Structuring of Organizations,* Prentice-Hall,1979
J.R. ガルブレイス、D.A. ネサンソン著、岸田民樹訳
『経営戦略と組織デザイン』白桃書房、1989年
James Walker, *Human Resource Planning,* McGraw-Hill, 1980
Kotler,Armstrong,*Principles of Marketing,* Sixth edition,Prentice-Hal1,1994
L. トレーシー著、広井孝訳
『組織行動論一生きている組織を理解するために』同文舘出版、1991年
M. ビアー、R.A. アイゼンスタート十 B. スペクター著
『人材戦略』日本生産性本部、1990年
P.A. アージェンティ著、慶應ビジネススクール経営研究会、吉川明希訳
『MBA 速習コースービジネスプロフェッショナル講座』日本経済新聞社、1997年
R. リッカート、G. リッカート著、三隅二不三訳
『コンフリクトの行動科学一対立管理の新しいアプローチ』ダイヤモンド社、1988年
Richard Brealey,*Principles of Corporate Finance,* sixth edition,
McGraw-Hill、2000
アート・マクニール、ジム・クレーマー著、柳平彬訳
『リーダシップが企業を変える』創元社1994年
H. イゴール・アンゾフ著
『「戦略経営」の実践原理一21世紀企業の経営バイブル』ダイヤモンド社、1994年
エドワード・L. ガブマン著、ヒューイット・アソシエイツ監訳、畑恵子訳
『人材戦略』東洋経済新報社、1999年

グロービス著『[新版]MBA マネジメント・ブック』ダイヤモンド社2002年
グロービス編『MBA 経営戦略』ダイヤモンド社、1999年
ジェームズ・C. コリンズ、ジェリー・I. ポラス著、山岡洋一訳
『ビジョナリー・カンパニー―時代を超える生存の原則』日経 BP 出版センター、1995年
ジョン・P. コッター著、黒田由紀子訳
『リーダーシップ論―いま何をすべきか』ダイヤモンド社、1999年
ステファン・P. ロビンス著、高木晴夫訳
『組織行動のマネジメント―入門から実践へ』ダイヤモンド社、1997年
StephenP.Robbins, *Organizational Behavior,* 9th edition, Prentice Hall, 2001
ピーター・M. センゲ著、守部信之訳
『最強組織の法則―新時代のチームワークとは何か』徳間書店、1995年
R.F. ブルナー、M.R. エーカー、R.E. フリーマン、R.E. スペックマン、E.Q. タイスバーグ著、嶋口充輝、吉川明希訳
『MBA 講座　経営』日本経済新聞社、1998年
ウォートン・スクール、ロンドン・ビジネススクール、IMD 著フィナンシャル・タイムズ編集
『MBA 全集1-6、(ゼネラル・マネジャーの役割、マーケティング、アカウンティング、ファイナンス、経営戦略、リーダーシップと倫理)』ダイヤモンド社、1998-1999年
石井淳蔵、奥村昭博、加護野忠男、野中郁次郎著『経営戦略論』、有斐閣、1996年
石田英夫、梅澤隆、永野仁、蔡芢錫、石川淳著
『MBA 人材マネジメント』中央経済社、2002年
伊丹敬之、加護野忠男著『ゼミナール経営学入門』日本経済新聞社、1993年
猪木武徳、樋口美雄編
『シリーズ現代経済研究9(日本の雇用システムと労働市場)』日本経済新聞社、1995年
大滝精一、金井一頼、山田英夫、岩田智著
『経営戦略―創造性と社会性の追及』有斐閣、1997年
加古宜士著『財務会計概論　第3版』中央経済社、2000年
北島雅則著『ビジュアル　人事の基本　日経文庫』日本経済新聞社、1995年
工藤秀幸著『経営の知識(新版)　日経文庫』日本経済新聞社出版局、1997年
国領二郎著
『オープン・ネットワーク経営―企業戦略の新潮流』日本経済新聞社、1995年
小林喜一郎著『経営戦略の理論と応用』白桃書房、1999年
田尾雅夫著『モチベーション入門　日経文庫』日本経済新聞社、1993年
高橋俊介著

『人材マネジメント論―経営の視点による人材マネジメント論』東洋経済新報社、1998年
土井秀生著『上級 MBA 講座―グローバル戦略のすべて』日経 BP 社、1998年
土屋守章著『新経営学ライブラリ1（現代経営学入門）』新世社、1994年
西川清之著『人的資源管理入門』学文社、1997年
野中郁次郎著『経営管理　日経文庫』日本経済新聞社、1980年
服部治、谷内篤博編『人的資源管理要論』晃洋書房、2000年
花岡正夫著『人的資源管理論』白桃書房、2001年
松浦健児、岡村一成編『経営組織心理学』朝倉書店、1992年
山田英夫著
『デファクト・スタンダードの経営戦略―規格競争でどう利益を上げるか　中公新書』中央公論新社、1999年
山根節、山田英夫、根来龍之著
『「日経ビジネス」で学ぶ経営戦略の考え方』日本経済新聞社、1993年
労働行政研究所
『教育訓練、公的資格取得援助等の実態』労政時報 No. 3270、1996年
労働省『97年度民間教育訓練実態調査』労政時報 No.3426、1999年

■監修
青井　倫一（あおい　みちかず）
昭和44年東京大学工学部卒業。
50年同大学大学院経済学研究科博士課程修了。
54年ハーバード大学ビジネススクール留学、経営学博士号授与。
平成2年慶應義塾大学ビジネススクール（大学院経営管理研究科）教授。
産業界でも広くアドバイザーとして活躍。

■著者
グローバルタスクフォース株式会社
世界18カ国の主要経営大学院57校が共同で運営する35万人のＭＢＡキャリア支援会社「Global Workplace」（本部：ロンドン）を母体とする戦略子会社。ＭＢＡ同窓生を中心に、リーダー３種の神器（人脈・キャリア・知識）をバランスよく構築できるインフラを提供。日本では雇用の代替としての非雇用型人材支援サービス「エグゼクティブスワット」を世界に先駆けて展開し、多くの実績を持つ。イベントやセミナーを開催し、組織を超えた人脈をつくる機会を提供するほか、日経グループと共同でＷＥＢサイト「日経 Biz C.E.O.」の運営なども行う。
著書に「通勤大学ＭＢＡ」および「通勤大学実践ＭＢＡ」シリーズ、『ＭＢＡ世界最強の戦略思考』『意思決定が身につくトレーニングノート』『就活の鉄則』『あらすじで読む世界のビジネス名著』『ポーター教授「競争の戦略」入門』『コトラー教授「マーケティング・マネジメント」入門（Ｉ・Ⅱ）』（以上、総合法令出版）、『図解 わかる！ＭＢＡマーケティング』（ＰＨＰ研究所）などがある。ＵＲＬ：http://www.global-taskforce.net

通勤大学文庫
通勤大学MBA6　ヒューマンリソース
2002年10月 8 日　初版発行
2009年 6 月29日　6 刷発行

監　修　青井倫一
著　者　グローバルタスクフォース株式会社
装　幀　倉田明典
イラスト　田代卓事務所
発行者　野村　直克
発行所　総合法令出版株式会社
〒107-0052　東京都港区赤坂1-9-15
日本自転車会館2号館7階
電話　03-3584-9821
振替　00140-0-69059
印刷・製本　祥文社印刷株式会社
ISBN978-4-89346-765-2

総合法令出版ホームページ　http://www.horei.com/

通勤大学文庫

◆MBAシリーズ

『通勤大学MBA1　マネジメント』　850円
『通勤大学MBA2　マーケティング』　790円
『通勤大学MBA3　クリティカルシンキング』　780円
『通勤大学MBA4　アカウンティング』　830円
『通勤大学MBA5　コーポレートファイナンス』　830円
『通勤大学MBA6　ヒューマンリソース』　830円
『通勤大学MBA7　ストラテジー』830円
『通勤大学MBA8　[Q&A]ケーススタディ』890円
『通勤大学MBA9　経済学』　890円
『通勤大学MBA10　ゲーム理論』　890円
『通勤大学MBA11　MOT－テクノロジーマネジメント』　890円
『通勤大学MBA12　メンタルマネジメント』　890円
『通勤大学MBA13　統計学』　890円
『通勤大学MBA14　クリエイティブシンキング』890円
『通勤大学実践MBA　決算書』　890円
『通勤大学実践MBA　事業計画書』　880円
『通勤大学実践MBA　戦略営業』　890円
『通勤大学実践MBA　店舗経営』　890円
『通勤大学実践MBA　商品・価格戦略』　890円
　グローバルタスクフォース＝著

◆基礎コース

『通勤大学基礎コース　「話し方」の技術』874円
　大畠常靖＝著
『通勤大学基礎コース　国際派ビジネスマンのマナー講座』952円
　ペマ・ギャルポ＝著
『通勤大学基礎コース　学ぶ力』　860円
　ハイブロー武蔵＝著
『通勤大学基礎コース　相談の技術』　890円
　大畠常靖＝著

◆法律コース

『通勤大学法律コース　手形・小切手』　850円
『通勤大学法律コース　領収書』　850円
『通勤大学法律コース　商業登記簿』　890円
『通勤大学法律コース　不動産登記簿』　952円
　舘野　完ほか＝監修／ビジネス戦略法務研究会＝著

◆財務コース

『通勤大学財務コース　金利・利息』　890円
　古橋隆之＝監修／小向宏美＝著
『通勤大学財務コース　損益分岐点』　800円
　平野敦士＝著
『通勤大学財務コース　法人税』　952円
　鶴田彦夫＝著

※表示価格は本体価格です。別途、消費税が加算されます。